北大大课堂

>> >

王 力

学术大师 | 生前长期担任北京大学教授

国 文 常 识 讲 话 | 王 力 著

北京大学出版社
PEKING UNIVERSITY PRESS

图书在版编目(CIP)数据

国文常识讲话/王力著. —北京:北京大学出版社,2009.1
(北大大课堂)
ISBN 978-7-301-14833-4

Ⅰ. 国…　Ⅱ. 王…　Ⅲ. 国学－中国－青年读物　Ⅳ. Z126-49

中国版本图书馆 CIP 数据核字(2008)第 201291 号

书　　　名:国文常识讲话
著作责任者:王　力　著
组　　　稿:王炜烨
责 任 编 辑:王炜烨
标 准 书 号:ISBN 978-7-301-14833-4/H · 2186
出 版 发 行:北京大学出版社
地　　　址:北京市海淀区成府路 205 号　　100871
网　　　址:http://www.pup.cn
电 子 信 箱:zpup@pup.pku.edu.cn
电　　　话:邮购部 62752015　发行部 62750672　编辑部 62750673
　　　　　　出版部 62754962
印　刷　者:北京飞达印刷有限责任公司
经　销　者:新华书店
　　　　　　787 毫米×1092 毫米　16 开本　13.5 印张　150 千字
　　　　　　2009 年 1 月第 1 版　2010 年 8 月第 2 次印刷
定　　　价:32.00 元

目　录

第一讲 —— 关于古代汉语的学习和教学

古代汉语的学习和教学，这里有两个问题：一是怎样学古代汉语的问题，一是怎样教古代汉语的问题。我着重讲"学"的问题，因为"学"的问题解决了，"教"的问题也就好解决了。"教"，无非是教学生怎样学，这两个问题是密切相关的。

古代汉语的学习和教学，这里有两个问题：一是怎样学古代汉语的问题，一是怎样教古代汉语的问题。我着重讲"学"的问题，因为"学"的问题解决了，"教"的问题也就好解决了。"教"，无非是教学生怎样学，这两个问题是密切相关的。

一　关于学习的问题

语言有三个要素，就是语音、语法、词汇。那么，我们学习古代汉语，这三个方面，哪方面最重要呢？应该说是词汇最重要。

语言有三个要素，就是语音、语法、词汇。那么，我们学习古代汉语，这三个方面，哪方面最重要呢？应该说是词汇最重要。我们读古书，因为不懂古代语法而读不懂，这种情况是很少的。所以语法在古代汉语教学中不是太重要的。至于语音方面，更不那么重要了。比方说散文，跟语音就没有很大关系，诗歌跟语音有点关系，但也不是重要的。不过，不重要不等于说不要学，还是要学，三方面都要学。现在我先就这三方面讲讲学习的必要性。

首先要提醒大家，学习古代汉语最要紧的一个问题就是历史观点的问题。我们现代汉语是从古代汉语发展来的,当然古今相同的地方是很多的,但是也有很多不同的地方。我们要注意的就是那个古今不同的地方,这就是所谓历史观点。不管是从语音方面,从语法方面,还是从词汇方面来看,都应该注重这个历史观点。

先讲语音方面。从《诗经》起一直到唐诗宋词,这些都有语音的问题,就是古音的问题,我们要注意研究古音。举一个很浅近的例子,唐诗宋词里边有平仄的问题,这是诗词的一种格律。这个要懂,不懂,有时候就会弄错。我记得在二十多年前,有位同志在杭州图书馆里发现了岳飞的一首诗,诗发表在《人民日报》上,题目是《池州翠微亭》,是一首七绝:"经年尘土满征衣,特特寻芳上翠微。好山好水看不足,马蹄催趁月明归。"按照那首诗的格律来看,应该是"好水好山",如果是"好山好水",就不合平仄,不合诗的格律。因此我用不着到杭州去看他是不是抄错了,就能够断定他是抄错了,因为岳飞虽是一个名将,同时也是一个文人,他不会写一首七绝都不合格律的。前年,我看到一个同志注解李商隐的诗,其中有一首《无题》诗,最后两句是:"蓬莱此去无多路,青鸟殷勤为探看。"这个同志抄错了,他抄成了"此去蓬莱无多路"。为什么抄错了呢?他感到自己抄的比较合语法,"从这里去到蓬莱没有多少路"嘛,所以他就抄成了"此去蓬莱无多路"。但是他没有注意到,"此去蓬莱无多路"这不合平仄,而李商隐是个大诗人,作诗能够不合平仄吗?所以,语音方面要注意。

其次讲到语法方面。语法不是说完全不要注意,读古文有些地方是跟语法有关系的;古代的语法有的跟现代还是不一样的,所以也不是说完全不要注意。举个例子,也是刚才说到的那位同志,写李商隐诗注,就碰到一个语法问题,他没有解决好。李商隐有一首

先讲语音
方面。

其次讲到
语法方面。

诗,题为《韩碑》,讲的是韩愈写的那个碑,里边有两句:"碑高三丈字如斗,负以灵鳌蟠以螭。""碑高三丈字如斗",是说那个石碑有三丈那么高,字写得很大,像斗那么大。"负以灵鳌","鳌"。就是一种大鳌,也可以说是大龟一类的吧,现在我们在北京都常常看见的,石碑底下有个乌龟,背着那个石碑,那个乌龟就叫做"鳌"负以灵鳌"就是"以灵鳌负之",以大龟来背着那个石碑。"蟠以螭","螭",是一种龙,古代传说中一种没有犄角的龙叫做"螭"。"蟠以螭"按照语法看,上面的"负以灵鳌"就是"以灵鳌负之"。那么"蟠以螭"就应该是"以螭蟠之"。但是这位同志不懂,他不从语法上考虑问题。他怎么注呢? 他注;"蟠也是龙,螭也是龙",那么这样一注呢,就不好懂了,既然应该是"以螭蟠之",你要说两个都是龙,那就成了"以龙龙之"了,行吗? 不行。他不知道"蟠"不是龙。"蟠龙"才是龙。有一种龙叫"蟠龙",即龙没有飞的时候叫做"蟠龙"。但是单独一个"蟠"呢,就不是那个意思,单独的"蟠"是"绕"的意思,即"盘绕"。"蟠以螭"即"以螭蟠之",就是用一条龙绕着那个石碑。全句诗的意思是:"石碑底下有乌龟背着,石碑上边有龙绕着。"所以,从这里看,语法还是相当重要的。

下面着重谈谈词汇问题。刚才说了,学习古代汉语最重要的是词汇问题。我们在编《古代汉语》教科书的时候,有位同志提到,古代汉语的问题,主要是词汇问题,解决了词汇问题,古代汉语就解决了一大半问题了。这话我非常赞赏。为什么有人学习古代汉语时,在词汇问题上常常出差错呢? 这就是因为他没有历史观点。他不知道古代,特别是上古时代,同样一个字,它的意义和现代汉语的意义不一样。前年。我在广西大学讲怎样学古代汉语时,举了个例子,这里不妨再举一下。有位教授,引《韩非子·显学》里面的话:

"故明据先王,必定尧舜者,非愚则诬也。"韩非子的主要意思是说,古代所谓尧舜的事。不会是真的,那么你肯定尧舜的事是有的,你不是愚,就是诬。"愚"是"愚蠢","诬"是"说谎"。这就是说,你要是不知道尧舜的事本来没有,而肯定说有,就是愚蠢受骗;你要是知道尧舜的事本来没有,却偏要说有,就是说谎骗人。可是这位教授却把"非愚则诬"解释为:"不是愚蠢,就是诬蔑。"这就错了。他不知道,在上古汉语里,这个"诬"字不当"诬蔑"讲,而当"说谎、说假话"讲。所以这位老教授解释为"不是愚蠢,就是诬蔑",那就不好讲了。诬蔑谁呀?诬蔑尧舜吗?不对。后来他见人家都注作"不是愚蠢,就是说谎",他才改过来。这就是古今词义的不同。我再举一个例子,《孟子·告子上》:"一箪食,一豆羹,得之则生,弗得则死。"这里面有个"羹"字,现在我们注解"羹"字常常说"羹"就是"羹汤",我们看兰州大学中文系《孟子》译注小组编的《孟子译注》,那里面怎么注解"一豆羹"呢?是这样注的:"豆,古代盛羹汤之具。"(甚至在译文里就干脆将"一豆羹"译为"一碗汤"了。)我们认为这个注解是错误的。我们的古人只说,"豆"是古代盛羹之器,没有说汤,他把一个汤字添上去就错了,错得很厉害。为什么只能说是"盛羹之器"呢?"羹"是什么东西?"羹"就是煮熟的肉,是肉煮熟以后,带点汁的,所以是带汁的肉。"羹",一般都是加佐料的,即所谓五味羹,酸甜苦辣咸,有五种味道,但主要是加两种佐料:盐跟梅。《尚书·说命》:"若作和羹,尔惟盐梅。"梅子是酸的,盐是咸的。要是穷人没有肉吃怎么办呢?穷人也有羹,那叫"菜羹",但"菜羹"也不是菜汤,"菜羹"是煮熟的菜。总之,羹是拿来就饭吃的,所以《孟子》的"一箪食,一豆羹"就是一筐饭,还加上一碗羹。"箪"是古代盛饭的筐(一种圆形的竹器);"食",是饭;"豆",就相当于我们现在的碗吧,就是你们看过

的故宫博物院里边陈列的那个带高座的东西，是盛肉菜的。所以
《孟子译注》的那个注解在"羹"字后加上个"汤"字就错了，因为
"羹"根本就不是"汤"。我们再看《史记·项羽本纪》，楚霸王项羽把
刘邦的爸爸抓住了，他对刘邦说，如果你不赶快投降，我就把你爸
爸烹（煮）了。刘邦说，我曾经和你结拜为兄弟，我的父亲就是你的
父亲，如果你一定要烹你的父亲呢，就希望你分给我一杯羹。（"吾
与项羽俱北面受命怀王，曰'约为兄弟'，吾翁即若翁，必欲烹而翁，
则幸分我一杯羹。"）以前我没有教古代汉语，连我也误会了，我以
为一杯羹的"杯"就是盛茶、盛汤的东西，"一杯羹"就是一杯汤啰。
后来教了古代汉语。研究了古代汉语，才知道这是不对的。在上古
的时候，"杯"不是指的茶杯的"杯"而是盘子之类的东西叫"杯"。
"羹"呢，是肉。"分我一杯羹"，就是分给我一碗肉。刘邦不会那么客
气的，只要一碗汤。这个就是所谓历史的观点。对于我们读古文来
说很重要。

现在我再举一些例子，就是我们现在用的那个中学语文课本
的一些错误，也是从历史观点上看，这些注解是错的。我不是在这
里批评那个课本，不是这个意思，那个课本后来都给我看了，我提
了意见，大概现在已经改了，或者将要改。我不是在这里批评语文
课本，而是因为我们今天的听众有一部分是中学的语文教师，我这
样讲比较有针对性。语文课本的《愚公移山》里有一句话："以君之
力，曾不能损魁父之丘"，语文课本怎么注的呢？注解说："曾"，是
"竟"的意思。那么"曾不能"就变成"竟不能"了。这样注我看是不妥
当的。在上古汉语里，"曾"，是一种加强否定语气的副词。所以常常
是"曾不"用在一起。加强"不"字。"曾不"就是"并不"的意思，"曾不
能损魁父之丘"就是"并不能够损魁父之丘"，也就是"连魁父之丘

那么一个小丘也不能损"。所以把这个"曾"字解释为"竟"不对。在另外一篇课文《核舟记》里有一句"而计其长曾不盈寸",注解说:"曾",是"尚",就是"还"。这个注解就比较好了,注意到了"曾不"是"还不",比刚才那个注好。但最好还是将"曾不"一起注,"曾不"就是"并不"。另外一篇课文《楚辞·九歌·国殇》里有一句话:"首身离兮心不惩。"注解说:"惩,惩创,损伤。"注为"惩创",原则上是不错的,因为古人也是把"惩"注为"惩创",但是注为"损伤",就不妥当了。《国殇》里讲"首身离兮心不惩",这是说,战士们被敌人杀掉,而身跟首分离,也不后悔。"心不惩",就是"不后悔"。《说文解字》云:"懲,忢也。""忢[yì]"就等于艾[yì]"。"自怨自艾",就是自己埋怨自己,"自己埋怨自己"跟"后悔"的意思就差不多了。自己埋怨自己不应该那样做,那是自己做错了,但是"首身离兮心不惩",是说"为国家而牺牲,决不埋怨自己,而认为自己做对了"。如果说,"首身分离了,心没有损伤","没有损伤"怎么好懂啊?不好懂。再举一个例子,司马光《赤壁之战》有一句话:"今刘表新亡,二子不协。"语文课本注为"指刘表的两个儿子刘琦和刘琮不合作。协是和协,合作,不协就是不合作",我认为这个注解是不妥当的。我们注解古书,注解古人的话,不要用现代的话来解释它。你说刘表两个儿子不合作,这个话太现代化了吧!古人没有这个话。"不协",就是"不和"。刘表的两个儿子不和,你看《三国演义》里都讲了,刘琦就怕刘琮害死他,所以请刘备指教他,他就躲开了,那是不和,跟合作没关系。当时根本就没有想到所谓合作的问题,怎么合作呀?如果这两个人都同居在一个重要的地位,一个做这方面的官,一个做那方面的官,都很重要,这才有一个合作问题。这里根本没有合作的问题。而是弟弟要把哥哥杀死的问题,要害死他哥哥的问题,跟合作有什么关系呀!

所以我们注解古文,最忌把现代人的思想摆到古人那里去。"协",就是"和",就不要说"合作"。再举一个例子,苏洵的《六国论》中说:"至丹以荆卿为计,始速祸焉。"这句话就是说,到了燕太子丹,他相信荆轲的话,让荆轲行刺秦始皇,后来没成功,这样子秦国就赶快把燕国灭了,所以叫"始速祸焉",才招来了祸害。"速",是"招来"的意思。语文课本注为"速,招致,这里作动词"。"速,是招致的意思",这个话不错。错在哪里呢? 错在后面的"这里作动词"。为什么要说这里作动词呢? 因为注者认为这个"速"是"快速"嘛,是个形容词,但这个地方是个动词,所以这个形容词"速"是作动词用。错就错在这个地方。他不知道,这个"速"字有"招致"的意思,又有"快速"的意思,"招致"这个意思跟"快速"的意思是没有关系的。不是说"快速"的意思引申了,引申为"招致",不是这样的。所以注为"招致"就不应说"这里作动词",它本来就是动词嘛,怎么说"这里作动词"呢?

此外,还有关于现代汉语同近代汉语的差别问题。

此外,还有关于现代汉语同近代汉语的差别问题。例如在徐宏祖《徐霞客游记》里边有一篇文章是《游黄山记》,其中有句话:"时夫仆俱阻险行后,余亦停弗上。"课本注:"夫仆,就是仆人。"这个注不妥当。"夫仆"是两个名词,"夫"是"夫","仆"是"仆",并不是一个双音词,所以并不是"夫仆,就是仆人","夫",是"挑夫",是给他挑行李的。"仆"是"仆人",是跟随他的,不是给他挑行李的,"夫",有时也指的是"轿夫"(抬轿的)。反正"夫"跟"仆"不是一回事,所以"夫仆,就是仆人"这个注解就不对了。这牵扯到近代汉语的问题。你们恐怕很少看见"夫"了,现在"挑夫"也没有了,"轿夫"更没有了,所以注起来就没有注意到"夫"和"仆"不是一回事。

下面我想再谈谈我们在阅读古文、注解古文的时候常犯的错误。

下面我想再谈谈我们在阅读古文、注解古文的时候常犯的错误。我想谈三个问题,即"望文生义"、"误用通假"和"滥用通假"。

(一) 望文生义

什么叫做"望文生义",就是看到一句话,其中的某个字用这个意思解释它,好像讲得通,以为就对了。其实这个意思并不是那个字所固有的意思,在其它的地方从来没有这么用过,只不过是在这个地方这样讲似乎讲得通。但是"通"不等于"对",不等于"正确"。你要说这样解释就通了,那就有各种不同的解释都能通的。为什么"通"不等于"对"呢? 我们知道,语言是社会的产物,是全体社会成员约定俗成的。一个词在一定的时代表示一定的意思,是具有社会性的。某个人使用某个词,不可能随便给那个词另外增添一种意思。因此,我们阅读古文或注解古文时,就要仔细体会古人当时说那个话究竟是什么意思? 那才是对的。我们的老前辈最忌讳望文生义,常常批评望文生义。可是我们现在犯这种毛病的人非常多。前几年我们北京大学编了一本《古汉语常用字字典》,看见他们原来写的稿子很多地方都是望文生义的。所以这个要着重地讲一讲。

举一个例子,如"信"字,有个学校编了一本字典,编字典的同志亲自到我家来征求意见,我看到里边有一条:"信,旧社会指媒人。"举的例子是《孔雀东南飞》里的一句话:"自可断来信,徐徐更谓之。"这句话的意思是说,拒绝那个来使,以后再谈吧。这个字典的草稿把"信"字注为"媒人",为什么要那么讲呢? 因为很清楚嘛,将这句话解释为"就回绝了那个媒人,叫他以后再说",这不就讲通了吗? 这就叫做望文生义。我们要问,如果这个"信"字有"媒人"的意思,为什么别的书,别的文章里边都没有"信"当"媒人"讲的呢? 这里就有个语言的社会性问题。语言是社会的产物,你说出来的话

什么叫做"望文生义",就是看到一句话,其中的某个字用这个意思解释它,好像讲得通,以为就对了。

就要人家懂,如果这个"信"字一般都没有"媒人"的意思,唯独《孔雀东南飞》的作者把"信"用作"媒人"的意思,人家能懂吗?我们看余冠英同志是怎么注的,他说:"信,使者。"信",当"使者"讲,那是很常见的。"断来信"就是"回绝来使",后面再加个括号注明:"来使,指媒人"。"来使"的"使",在这里指的是"媒人",这个话就没有毛病了,这就是说在这个上下文里边,指的是那个人。但是解释的时候,先要讲这个"信"字是"使者"的意思,然后再指出这个地方可以当"媒人"讲,那就不错了。我们编的古汉语教材里,就常常用这个方法,先说这个字是什么意思,再说这个地方当什么讲,就是把一般的情况讲清楚了,然后讲特殊的情况。

再举一个例子,苏轼《念奴娇·赤壁怀古》:"乱石穿空;惊涛拍岸。"胡云翼《宋词选》注:"惊涛,惊人的巨浪。"这么解释好像也讲得通,其实也是望文生义。"惊"并没有"惊人"的意思,"惊"的本义是指"马因害怕而狂奔起来",也就是指"马受惊"。《说文》:"驚,马骇也。"《战国策·赵策一》:"襄子至桥而马驚。"我看,按照"惊"(驚)字的这个本义,"惊涛"就是形容"像马受惊而狂奔那样汹涌的波涛"。这样理解才确切,也更形象些。此外,如旧时比喻美人体态轻盈的"惊鸿"(曹植《洛神赋》:"翩若惊鸿",陆游《沈园》诗:"曾是惊鸿照影来"),其中的"惊"字也是这种本义的引申。

下面还是举中学语文课本的一些倒子,说明望文生义的问题。

下面还是举中学语文课本的一些倒子,说明望文生义的问题。

《曹刿论战》有一句话:"衣食所安,弗敢专也,必以分人。"语文课本注:"衣食这样养生的东西,不敢独自享受。安,有'养'的意思。"我认为这也是望文生义。为什么呢?"食"能养人,"衣"还能养人吗?衣服是保暖的,不是养活人的,养活人靠"食"。"衣食所安",怎么能说是衣食养生呢?这是不妥的。我翻了王伯祥编的《春秋左传读本》，他注得比较好。王伯祥说："衣食二者，系吾身之所安。"这样，"身之所安"，意义就广泛了。衣食都是我们靠它安身的，"安身"，就可以包括衣在内，食在内。我看王伯祥这个解释比我们中学语文课本的解释要好得多。在语文课本里，就是这同一篇文章，还另外有个注，"一鼓作气"，注为："作，激发、振作。"就这句话来讲，"作"，解释为"激发"是讲得通的。但是就这个"作"字的意思来讲呢，就没有"激发"的意思。"振作"这个意思倒比较好。"作"究竟是什么意思呢？"作"，就是"起来"，比方说，站起来就叫做"作"。那"一鼓作气"呢？就是"一鼓使勇气起来"，所以这里讲"振作"就比较合适，讲"激发"就不大合适。这个问题不大，不过也提一提。

另外一篇文章有个问题比较复杂。《陈涉世家》说：陈胜"攻陈，陈守令皆不在，独守丞与战谯门中"。语文课本注："守丞，当地的行政助理员。"我觉得这个注最不妥当的是把"丞"解释为"行政助理员"。在汉代，"丞"是什么意思呢？"丞"是一种副职。郡有太守，副太守就叫做"丞"。县有县令，副县令也就是"丞"，"丞"仅次于"守"，仅次于"令"。"丞"主要是管武事的，所以说"守丞与战谯门中"。因为"丞"是管武事的，保卫城就是他的责任。语文课本注为"行政助理员"，秦末时有那么个官叫行政助理员吗？这种说法太现代化了。什么叫"守丞"？有两种解释：一种解释"守丞"是守那个城的副县令或副太守。"守"是动词，守那个城的。另一种解释就不一样了："守丞"就是郡守的副职，就是副郡守。我比较同意后一种说法。当然，这里还有一个复杂的问题，有人说，秦朝那个时候，"陈"，只是一个县，不是一个郡。这个比较复杂的问题就不详细讲了。这里只是说注为"行政助理员"是不妥当的，因为没有那个官，况且行政助理员就不是管武事的，他也就没有那么大权力负责指挥守那个城了。

>>>

苏轼《念奴娇·赤壁怀古》："乱石穿空；惊涛拍岸。"我看，按照"惊"字的这个本义，"惊涛"就是形容"像马受惊而狂奔那样汹涌的波涛"。这样理解才确切，也更形象些。图为明代著名画家仇英的中国画作品《赤壁图》，现收藏于辽宁省博物馆。

再举一个例子,杜甫的诗《闻官军收河南河北》有一句"青春作伴好还乡"。语文课本注:"青春,明媚的春光。"这句话讲得通讲不通呢?看来好像是非常通,"青春作伴好还乡",这不是很好吗?但是不行,这是望文生义,不是本来的意思。杜甫为什么要用"青春"呢?为什么不用"明春"或别的什么"春"呢?我们查了一下《辞海》(旧《辞海》),里边说:"青春,春时草木滋茂,其色青葱,故曰青春。"春天,因为草木都返青了,所以叫"青春"。我看这个解释不但比"明媚的春光"正确,而且更有诗意。可见,就是看来很浅近的词,我们也要留意,应该怎么注才不是望文生义。

另有一个例子,陆游的诗《书愤》有两句:"出师一表真名世,千载谁堪伯仲间?"语文课本这样注:"伯为长,仲为次,后来伯仲就被用作衡量事物等差之词。"这个注解也是不妥当的,不妥就在于"等差"两个字。一讲"等差",就说"伯为长,仲为次",就是哥哥比弟弟高,所以有"等差"嘛。当然,注为"等差"这也不是中学语文课本的错。错的来源在旧《辞海》,那本书也是那么错的,所以是有根据的。旧《辞海》注:"伯仲,评判人物之等差也。"并引曹丕《典论·论文》"傅毅之于班固,伯仲之间耳"为例。旧《辞海》误以"伯仲"为"等差",跟原意正好相反,原意"伯"是哥哥,"仲"是弟弟,哥哥和弟弟差那么一两岁,所差不远,所以是强调没有多大差别。你说是"等差",又说"伯为长,仲为次",就强调了"差"。正好"伯仲是强调差不多少。在肖统的《文选》上,曹丕《典论·论文》李善注得很好,李善注"伯仲"说:"言胜负在兄弟之间;不甚相踰也。"他说,谁胜谁负,谁高谁低呢?"不甚相踰也",差不多。很难说谁比较高,顶多稍微高那么一点点,也就是像哥哥、弟弟那样差一两岁,所差无几。他是强调"不甚相踰也",差不离,都一样。这样,我们就好懂了。陆游《书愤》

的那两句诗："出师一表真名世,千载谁堪伯仲闻?"是说诸葛亮千载之下谁能够比得上他呢?谁能跟他相为伯仲呢?就是说谁能跟他差不多呢?最好是再看杜甫的《咏怀古迹》诗,也有一首是讲诸葛亮的:"伯仲之间见伊吕",原来的杜甫诗注云:"孔明之品足上方伊吕",就是孔明要讲起品德,可以上比伊尹跟吕尚(姜太公)。这个注解就很好,这里就没有"等差",没有讲诸葛亮比不上伊吕,而是说"伯仲之间见伊吕",诸葛亮跟伊吕差不多,这才对。所以我们要注意,"等差"就把这意思弄反了,谁是伯,谁是仲啊?是要追究谁是伯,谁是仲吗?其实不是。还有个例子,《诗经·魏风·硕鼠》中"三岁贯女,莫我肯德。"中学语文课本注:"德,恩惠,作动词用,感恩的意思。"我认为,"德",解释为"恩惠"是对的,作动词用也是对的,但是最后说是"感恩的意思",恐怕就不对了。这一次的望文生义更容易使人相信了,为什么呢?因为把"三岁贯女,莫我肯德"解释为"我对你那么好,你不肯感我的恩",这不是很通了吗?这种望文生义,就很典型。我们想想,"感恩"本来是心里边感嘛,怎么还说"肯不肯感恩"呢?这讲不通。所以若作"感恩"讲,就没有"肯不肯"的问题了。我们看郑玄怎么注的,郑玄注为:"不肯施德于我。"就是对你那么好,你不肯给我一点好处,反倒恩将仇报,不肯施德于我。我看郑玄的这个注是对的。"施德于我","施"是一种行为、动作,才谈得上"肯不肯"。朱熹作"归恩"讲,也较好,"归恩"是"报恩"的意思。

关于望文生义,还有个例子:《廉颇蔺相如列传》里的一句话:"赵惠文王时,得楚和氏璧。"语文课本注:"璧,玉的通称。"这个注也可以说是望文生义的一个典型。我们查遍字典、辞书,都没有说"璧"是玉的通称。"璧",就是一种玉器。你看故宫里边就陈列着很多璧,璧有璧的形状,是玉经过雕琢而成的,它是一种玉器。不是玉的通称，所有的玉都能叫璧吗？那为什么这个地方要那么注呢？原先不懂，后来我体会到了。你看"赵惠文王时，得楚和氏璧"，我们念《韩非子》的时候念到过：和氏在楚的深山里边找到一种玉，先是璞玉，经开凿发现玉，然后才雕琢成为璧。所以下文说："王乃使玉人理其璞而得宝焉。"而这位同志注解这句话时，就认为，和氏得到的既然不是璧，是一块玉，怎么能说是得到璧呢？噢，这个璧一定是玉。这样子去解释有没有道理呢？我认为没有什么道理。有一点要注意，我们古人行文的逻辑思维是没有我们现代人的逻辑思维那么严密的。说得到和氏璧，不但不是璧，也不是玉，是一块石头，里边有玉。那应该怎么注呢？应该说，得到和氏璧是得到和氏的那块石头才对!因为那时还不知道里边有玉没玉呢？最近还有读者给我来信，要辩论一个问题，他说，赵惠文王得楚和氏璧，不是他得到的，是楚王得到的，怎么是赵王得到的呢？我看，你不要纠缠那些问题，古人不跟你讲那么多逻辑。

关于望文生义，最后再举一个例子，王安石《游褒禅山记》："盖其又深，则其至又加少矣。"中学语文课本注："加少，增加少的程度。"这样讲通不通呢？完全通，但是刚才我说了，"通"，不等于"对"。要是讲成"增加少的程度"，"加"字就是一个动词，而我们古汉语里的这个"加"字，除了当作动词之外，还有一种副词的作用，"加"就是"更"，"加少"就是"更少"。我在我主编的《古代汉语》这部书的常用词里特别讲"加"字有"更"的意思，并且还强调指出："这种'加'字不能解作'增加'，否则，'加少'不好讲。""加"在古代有"更"的意思，"加少"就是"更少"，那不是更好懂吗？为什么要注"增加少的程度"呢？倒不好懂了。这里再补一个例子吧，《六国论》："故不战而强弱胜负已判矣"。中学语文课本注："判，分，清清楚楚的意

关于望文生义，最后再举一个例子，王安石《游褒禅山记》："盖其又深，则其至又加少矣。"

思。"这也是望文生义,好像是讲通了,"没有经过打仗,强弱胜负已经清清楚楚地分开了",但是从"判"的原来意思看,没有"清清楚楚"的意思。"判"字的本义是"一分为二",一样东西分为两半,叫做"判"。要把"判"解释为"分"倒也不错,最好解释为一个东西分为两个,叫"判"。这样,强弱是两个东西,一个强,一个弱,还有胜负,也是这样子。一个强、一个弱,一个胜、一个负,分开了,这样说就行了。

以上讲的是望文生义的毛病,而这个毛病现在是越来越多,好像把这话讲通了就行了,而不管这个字原来是什么意思了,所以我在这里特别强调要反对望文生义。现在有新出版的字书、词典之类的书,这类毛病也是很多的,也值得我们注意。

(二) 误用通假

在汉字里,有所谓"假借字"。"假借字"有两种,一种是本无其字,假借另外一个字来用。比方说,有很多虚词,起初没有为虚词造字,如"而"字,本来是一个实词,原写作而。《说文》:"而,颊毛也,象毛之形。"后来人们假借这个"而"字当连词用,这就叫本无其字。另一种是本有其字的,也假借。最典型的字是早晚的"早"字,本来很早就有,可是很多古书都写跳蚤的"蚤",将"蚤"假借为早晚的"早"。这个就叫做本有其字。另外还有一种情况是本来没有那个字,但后来也造出来了。比如喜悦的"悦"字,本来写成个"说"字,后来就写成"悦"字了。现在我们有争论的问题就在于:什么叫"本有其字"?一般所谓的"本字"实际不能叫"本字"。有人说,可以因为"本字"是"多用字"。如果把"本字"看成"多用字",那是另外一个问题了,是关于"本字"的定义的问题,没有什么好争论的。我反对的就是要不要讲为通假。比方古书中喜悦的"悦",一般都写成言字旁的"说",读古书"说"字就读成"悦"。"说"同"悦"这样的注解就是不妥当的,我认为这是误用通假。为什么这样说呢?因为古人写"说"字当"悦"讲的时候,还没有"悦"字,怎么能说成"说"同"悦"呢?古人所谓"通假",其实呢,就是有点像现在的写别字,写成另外一个字。我们应该认为古人写别字的情况是有的,但是不多。像这个喜悦的"悦"字,既然一般都写成"说",就不能说这个字同那个字。心字旁的"悦"字是上古时没有的。《说文解字》这部书没收这个字,可见在那个时代这个喜悦的"悦"字还没有产生。《孟子》里有这个喜悦的"悦"字,但是我们知道,有很多古书是经过后人改过的。有些人拿当代用的字去看,认为这里本该这么写的,就把《孟子》这部书里的一些字改了。所以有人说《孟子》这部书是俗字的渊薮,就是说俗字最多的是《孟子》。为什么俗字最多的是《孟子》呢?本来,经书从前人们是不敢随便改的,但是因为《孟子》很晚才作为经书,大概在宋代吧,这样,在此之前,《孟子》里被人改动的字就很多。再举个例子,打仗的那个"阵"字,过去一向写作"陈"字,不写作"阵"字,"阵"字是后来才这样写的。这种字我们叫做区别字,是后来为了和"陈"字区别开来,才另外造个打仗的"阵"字。所以唐代训诂学家颜师古特别讲"阵"字本来只能写成"陈"字。但是,我们发现《吕氏春秋》就有"阵"字,怎么解释呢?也是后人改的。后人因为一般人都写这个"阵"字,就改了,要不颜师古那么有学问的人,他怎么会说应该写成"陈"呢?难道颜师古没有念过《吕氏春秋》吗?这是不可能的。这说明这些字是后人改了。这样,我们就要明确,作注解的时候不能说这个字"同"那个字,因为那个字当时本来并不存在,怎么能说"同"呢?

之情遊而見聞之事隨類察理孟母曰
為賣人衒賣之事孟母又曰此非吾所以
復五凌復進遷遷孟母曰此居吾子矣
遂居之及孟子長乃學六藝以刀斷其
者所至方孟子曰自名也孟母以刀斷其
也化廚俊而翻十柳意也何以裴其
機斷新織之天君子學以立名問則廣知
長兄不足擇亂其會勇則潰
勤軍十鳥師事之此之謂也昔
今亦姝妹老子何以告之此之謂也昔
王書於西子湖獨請莫張并誌
■

>> >

有人说《孟子》
是俗字的渊薮。
为什么俗字最
多的是《孟子》
呢？经书从前人
们是不敢随便
改的，但是它作
为经书时间是
比较晚的，这样
《孟子》里被人
改的字就很多。
图为中国画作
品《孟母断杼教
子图》。

在中学语文课本里，《诗经·魏风·伐檀》有一句，"不狩不猎，胡瞻尔庭有县貆兮？"课本注："县，同悬。"这样注解是不妥当的。因为《诗经》的时代还没有底下带"心"字的"悬"字，怎么能说同"悬"呢？刚才说了，通假等于写别字，有人不叫"同"，叫"通"，说通"悬"。怎么能说"通"呢？古时没有那个字，你冤枉古人了，说古人写别字了。这个问题就严重了，会把我们的青年学生引导到没有历史观点的错误道路。这个悬挂的"悬"字，有没有这个字呢？有。出在《孟子》这部书里边，但那也是后人改的，我们不能这样做。另外，《廉颇蔺相如列传》有句话："唯大王与群臣孰计议之。"语文课本注解说："孰，同熟。"这个错误跟刚才我说的那个错误是一样的。我们查《说文解字》，"孰"字已经解释为煮熟的"熟"了。那个四点是后来的人加的。为什么加呢？就是要搞个区别字，"孰"字后来当"谁"讲，煮熟的"熟"就另外造个字区别开来，这样"孰"字底下才加了四点。如果《史记》里的"孰"同"熟"，也是冤枉司马迁写别字了。司马迁没有写别字，司马迁那个时代还没有"熟"字。如果像这种情况，我们编《古代汉语》教科书的时候是怎么处理的呢？比如"说"字，这样注：说，应念yuè，喜悦。后来写成"悦"。孰，等于熟，后来写成"熟"。这就没有毛病了。还有《赤壁之战》有句话："将军禽操，宜在今日。"语文课本注："禽，同擒。"这是同样的错误。因为古代没有"擒"字，《说文解字》里"熟"字、"擒"字都没有。《说文解字》另外有个字，是提手旁一个金银铜铁的"金"，即"捦"。有人说这是"擒"字，也不可靠。我们古书里一般都写禽兽的"禽"，把它当做"擒"，所以我们不能说同"擒"。《赤壁之战》另外有句话："五万兵难卒合。"语文课本注："卒，同猝。"这错误是一样的。《六国论》的"暴秦之欲无厌"，怎么注的呢？注："厌，同餍。"这种错误也是一样的。因为"厌"（厭）字本来是当"吃饱"讲,最早的时候连上面的两笔都没有(旣)。所以我想提醒大家,将来我们注古文的时候,不能用这个办法,用这个办法就使青年人误会了,以为我们的古人很喜欢写别字,其实那个时候没有那个字,怎么会是"同"或"通"呢?应该换一个办法,比如我刚才提到的那个"说"字,注作:"说,读成yuè,喜悦。"不要说"同",这就没有毛病了。

(三)滥用通假

"误用通假",跟刚才说的"误用通假"是不一样的。"误用通假"就是本来没有这个字,还说"通",还说"同",那就是"误用"了。所谓"滥用",按照道理来说,它是有那个字的,但是究竟是不是假借为这个字,那就成问题了。我们清代的学者们,叫做乾嘉学派的,在语文研究上有很大的成就,就是很会用通假。特别是王念孙、王引之父子。所谓"通假",就是本有其字,但不用那字,而是用另外一个字,即同音字替代。王念孙还有个理论:"就古音以求古义,引申触类,不限形体。"这就是说,要冲破字形的束缚,来追究本来意思。不同的字形,只要声音相同,意义就可能相同。这是很大的成就。古书上原来很多讲不通的字,他用通假的办法就讲通了,但是到了乾嘉学派的末流就坏了。真理走过了一步就是错误。善用通假,就能作出很大的成绩;滥用通假,那就错了。"滥用通假"就是你主观臆测这个字应该那么解释,就从通假上来找一个理由,这样子就坏了,所以"通假"是好的,"滥用"就不好。近来很多同志写信给我都谈通假的问题,说某句话应该怎么解释,用通假就讲通了,而我们平常却讲的不好。现在我举两个例子:

一个例子是辛弃疾的《摸鱼儿》词有句话:"惜春长怕花开早。"

这话不是很好懂吗？我们爱惜这春光，常常怕花开得太早了，因为早开就早谢，所以我"惜春长怕花开早"。最近有位中学教师写信给我，他说这个问题有争论，连断句都有争论。他讲：有人说应该那么断句，"惜春长"我就"怕花开早"。但是这位同志说，不对，"长"应该通"常"，经常害怕花开早。叫我回答他，谁对。我说，你们两位都不对。当然把"惜春长"断成句，那个错误就更大了，但是你一定要把长短的"长"说成通"常"，也不对。我说根本就不要讲通"常"。长短的"长"只要引申一下就是经常的"常"，"天长地久"，不就是"长久"的意思吗？"长久"的意思再一转就转到"常常"了，那不是很好转过去的吗？为什么要说"假借"呢？说"假借"问题就大了。因为那个长短的"长"古音应该念"澄"母，经常的"常"，古音应该念"禅"母，差别很大。那你这样"通"就没有学会"通假"。"通假"是古音的通假，拿现在的读音通假讲古文就不对了。这就叫做"滥用通假"。

另外一个例子，苏轼《石钟山记》："郦元以为下临深潭，微风鼓浪，水石相搏，声如洪钟。是说也，人常疑之。"我想大家讲的时候很好讲嘛，人们常常怀疑《水经注》的这个说法，即，"郦道元的这个说法，人们常常怀疑"这不是好懂吗？可是有位中学教师写信给我，他说，这不对，郦道元说"水石相搏，声如洪钟"这个话大家都会相信的，因为他是个权威，怎么会常常怀疑他呢？"常"字是"曾经"那个意思的"尝"，《辞源》《辞海》以及《史记》他查了，那里面也曾把这个"常"字当做"曾经"的意思，也通"尝"。《汉书》也有这样的例子。那么在苏轼这篇文章中也应为"人们曾经怀疑过"，这不是更好吗？这位中学教师在那里讲通假，他认为"常"通"尝"。于是在中学教师中就辩论开了。有人说，你这个说服力不强，为什么呢？司马迁、班固那时候是一个时代，司马迁、班固借用"常"来表示"曾经"那个意

另外一个例子，苏轼《石钟山记》："郦元以为下临深潭，微风鼓浪，水石相搏，声如洪钟。是说也，人常疑之。"

思的"尝"是可以的,但是苏轼是宋朝人,唐宋时没有人把"常"当做"尝"用过,所以这个说法不能成立。他不服,就写信给我。这个问题就牵扯到一个"滥用通假"的问题。《中学语文教学》杂志准备发表我一封回信,我想要把这个问题拉远一点,讲到"滥用通假",不单是回答这个问题。我同意另外一派人的说法,到了苏轼那个时代就再没人把"常"假借为"尝"了。但是这样说还不够,还应该说明一个道理,即古人不写别字是正常的情况,写别字是不正常的现象。所以凡是不该认为通假也能讲得通的话,就应该依照平常的讲法,不要再讲什么"通假",否则,就会造成错误。"人常疑之"——人们常常怀疑这种说法。这样讲为什么不好哇? 就是"人们常常怀疑"嘛,为什么不对? 为什么偏要讲"通假"呀?

我想应把
反对滥用通假
作为一个原则。

我想应把反对滥用通假作为一个原则。因为近来接触到这些情况,发现这已变成一种风气,好像一讲"通假"就比较高明。这是受了乾嘉学派末流的影响。在清代乾嘉学派的末流中,有一个典型的人物就是俞樾,他喜欢讲"通假",却常常是讲错的。举两个典型的例子,一个是《诗经·魏风·伐檀》第一章有那么一句话:"不稼不穑,胡取禾三百廛兮?"第二章又有一句:"不稼不穑,胡取禾三百亿兮?"第三章还有一句:"不稼不穑,胡取禾三百囷兮?"我们中学语文课本就是采用俞樾的注法:"廛,同'缠',束(量词)","亿,同'缱'。""囷,同'稇'。"都是讲成差不多的意思,即把它绑起来的意思。我们就感到奇怪了,本来"通假"是写别字,那么这个诗人文化水平就太低了,怎么三个地方都写别字啊?怎么那么巧哇? 为什么他一定要写别字呢? 特别是三百亿的那个"亿"字,《诗经》另外有很多地方,"亿"都是作为数目来讲的。十万把禾叫做一个亿,三百亿,就是三百亿个禾把。别的诗中都这么用,为什么偏在这个地方写个别字呢?而这个别字通一个很偏僻的"缋"字,奇怪呀!为什么诗人摆着本字不用,去写个别字呢? 这不可信。我们看郑玄等人怎么解释的呢? 他们解释的很好。"三百廛"毛传:"一夫之居曰廛。"就是说,一个农夫所住的地方叫做"廛"。后来孔颖达疏:"胡取禾三百夫之田谷兮? 你不稼稿为什么取三百会农夫所收的谷物呢? 这不是很好吗? 不是讲通了吗? 为什么要改为那个用绳子缠起来的"缠"呢? 我们看那个"三百亿"。郑笺:"十万曰亿。三百亿,禾秉之数。"十万叫做一亿(我们现在把"万万"叫"一亿",古人是把"十万"叫做"一亿"),三百亿是禾秉之数。"禾秉"就是"禾把",禾把的数目是三百亿。孔颖达疏:"三百亿与三百廛,三百囷相类,故为禾秉之数。秉,把也。"我们再看看"三百囷",毛传:"圆者为囷。"圆的谷仓叫囷(方的谷仓叫仓)。陆德观的《经典释文》说:"囷,圆仓。"那么,"不稼不稿,胡取禾三百囷兮? "很好懂嘛,你不种庄稼;怎么能够取到禾三百仓那么多呢? 为什么一定要改为三百稇呢? 三百个谷仓不是比三百稇还多得多吗? 为什么要改呀? 这就叫做"滥用通假"。

另外再举个例子,《庄子·养生主》。中学语文课本没有选,我主编的《古代汉语》选了,里面有一句话:"技经肯綮之未尝,而况大軱乎?"我们看郭象是这样注的:"技之妙也,常游刃于空,未尝经槩于微碍也。"郭象注得很好。"技经肯綮之未尝"这个话有点倒装。"技"这里断一断,底下是"未尝经肯綮"。这意思是说,庖丁的技巧是很好的,庖丁的技巧妙在游刃于空,空隙的地方刀子进去了,却未尝经过那个骨头。那不是很好懂吗? 后来成玄英疏:"夫技术之妙,游刃尚未曾经。"也是同样的意思。技术很高明,他用的刀是走的空隙的地方,没有经过"肯綮"。俞樾说:"郭注以技经为技之所经,殊不成义。"俞樾说,郭象把"技经"注为"技之所经",这话是不通的。"技

另外再举个例子,《庄子·养生主》。

术"怎么能够说"经过"呢？这位老先生就不知道，古代汉语有些话不是那样解释的。郭象不是注得很清楚吗？不是技术经过，而是刀经过嘛，你就这样批评他！"技之所经"，这是你的话呀，不是庄子的话。接着俞樾解释道："技疑枝字之误。"他怀疑"技"字是"枝"字之误，他引了古书《素问·三部九侯论》的话来加以证明："治其经络。"王注引灵枢经："经脉为裹，支而横者为络。"古字"支"与"枝"通。他说古字"支"与"枝"通。说技术的"技"字，应该是"枝"字，而这"枝"字又通"支"。这个"枝"通"支"是没有问题的，问题就是你为什么说那个技术的"技"通"枝"字呢？这就大有问题了。《庄子·养生主》那篇文章就有几个"技"字，为什么那些个"技"字不改呢？而这个地方偏要改为"枝"字呢？你引的是唐朝王冰的注，唐朝人讲的话就算庄子时代的话了吗？本来好懂的，你偏要用"通假"的说法，倒反难懂了，并且也讲不通。我主编的《古代汉语》原来是依照俞樾那个说法来注的，最近我们在修订时，要把它改过来，还是要郭象那个原注，不依照俞樾的这个说法。俞樾的这个说法是不科学的。

有同志提出一个问题：苏洵《六国论》中"后秦击赵者再，李牧连却之"这句话的"再"字，中学语文课本的注解是"多次"的意思。

有同志提出一个问题：苏洵《六国论》中"后秦击赵者再，李牧连却之"这句话的"再"字，中学语文课本的注解是"多次"的意思。但是查《史记》及其他参考书，在李牧防守边疆的时候秦是两次进攻，都被李牧击退，因此有的老师在教学中给学生讲"再"是"两次"，这样解释是否正确？我认为老师这样解释是正确的。这也是历史观点的问题。这个"再"字，恐怕一直到宋代吧，都指"两次"，没有"多次"的意思，"第三次"就不能叫"再"了。所以老师把"再"字解释为"两次"，完全正确。甚至我们现代有些人还将"再"字的这种古义用在自己的研究文章中。比方说郭老（郭沫若）在讲甲骨文时就说某某字在甲骨文中再见。这就是说，某某字在甲骨文中见了两次。

>> >

《庄子·养生主》那篇文章就有几个"技"字,为什么它们不改呢?而这些地方非要改为"枝"呢?图为中国画作品《庄子梦蝶图》。

总的来说，讲古代汉语的时候，要建立历史观点，要注意不要误用通假，也不要滥用通假，更不要望文生义。

二　关于教学的问题

刚才已经讲过了，讲学习问题就包括教学问题了。

刚才已经讲过了，讲学习问题就包括教学问题了。应该怎么学我们也就应该怎么教，所以这个问题只是很简单地谈谈。

主要还是谈我主编的《古代汉语》的问题。我主编的《古代汉语》最近要修订，到外面去征求意见，有很多意见是宝贵的，但是，也有些意见我们没有接受。我们认为，我们的做法还是对的，这里我讲讲这些问题。

我主编的那部书有三个内容："文选"，"常用词"，"通论"。有人就说应该把它分为三本书，一本是"文选"，一本是"常用词"，一本是"通论"。甚至有人说，我们的通论写语法写得太少了，写得很零碎。我认为，三结合这个办法是我们这本书所采取的较好的教学方法。如果分为三本书，那就变为三门课了，所以还是应该照原来的这个办法。现在香港把这部书改印成了三本，那是他们的事情，根本就没有征求我们的同意。

另外一个是关于文选的教学问题，到现在，我还认为我那个主张是对的，就是不要多讲什么时代背景啦，作者生平啦，甚至于还分析批判啦，我看这些是不必要的。要紧的是着重讲解课文，要把课文讲清楚。词汇是最重要的，要把词汇讲清楚，使学生不要误解。那就对了。现在我们这个中学语文课本里边，选了一些古文，有些讲的人却没讲清楚，使得一些学生写出半文不白的文章来，这是由于我们课本里讲了几篇现代文，又讲几篇古文，学生就不知道哪是古代的，哪是现代的，所以写出来的文章就半文不白，甚至于错误。前些日子我收到一封信，写信的人要寄钱给我，买一部《古代汉语》。信中说："请你寄给寡人一部《古代汉语》。"由此可见，我们教古文一定要把词汇讲清楚，比如"寡人"这个词，就要给学生讲清楚，只有帝王才自称为"寡人"。我们讲课文，特别要在词汇方面讲清楚，要串讲。常常是一句话懂了，连起来就不懂，一个词懂了，整句话不懂。这个很重要。

关于常用词要不要教？常用词很多人都感到不好教。我说，学古代汉语有点像学外语，外语就要教学生认生字，我们教古代汉语也是要教学生认生字，这个字在古代特别是在上古的时候是什么意思，而且还要给他讲明跟现在不一样。所以我们教材里搞了常用词。但教的时候完全不是一般想象的那种教法。一般人的教法是，说这个常用词重要，要学生能够背得出来。甚至用来说明那个常用词的用法的有些例句不好懂，也要使学生完全懂。那样教就不行了。我们教常用词特别是要讲清古今不同的地方，以引起学生注意。那个例句不懂也没关系，要紧的还是懂那个词的意思，将来念别的文章，碰到同样的例子，他就懂得应该怎么解释，这就行了。不是要所有的都记住。有人说，现在已经编出《古汉语常用字字典》，有了字典，在《古代汉语》里就不要教常用词了。他不明白这是两样东西，作用不一样。字典，是当你念书不懂的时候你才去查字典，你以为懂了，就不查了。而我们讲常用词呢，是要说明，你以为懂吗，但是你不懂，你不懂我先告诉你，先提醒你，这个字是什么意思。比方刚才说的那个"再"字，在常用词里，只有"两次"的意思，如果我们没有教常用词，只说不懂就查字典，你看见这个"再"字决不会说

关于常用词要不要教？常用词很多人都感到不好教。

不懂的,你会以为"再"字很好懂,结果按现代的"再"字去理解就错了。"羹"字也是这样子,看见"幸分我一杯羹"的那个"羹"字,就认为懂了,你会查字典吗? 所以常用词的作用就是先告诉你这个词是什么意思,你还不懂,现在你要懂。要不呢,你常常以为懂,其实是不懂。你自以为不会的。才去查字典,结果你就很容易出错误。所以这两个作用不一样。

关于"通论"的教学,"通论"的教学最重要的就是讲历史观点,讲古今的不同。

关于"通论"的教学,"通论"的教学最重要的就是讲历史观点,讲古今的不同。特别要讲古今的"小不同"。"大不同"大家都会注意到,"小不同"就注意不到了, 以为古今都是一样的。上面说过的"再"字,古代"两次"是"再",现代"三次"也可以说"再"。这"小不同"一般人就不清楚。因此要特别强调这个"小不同"。比方说,眼睛的"眼"字,在上古汉语里,"眼"字跟"目"不是一回事。"眼"就是眼珠子,"目"是整个眼睛,"目"的范围大,"眼"的范围小,这些地方就有个历史观点的问题。因为在先秦、两汉,特别是在先秦的文章里,注"眼"字非得注成"眼珠子"不可,但是到了唐代,要是再把"眼"字注成"眼珠子",那就错了。这就要有历史观点了。元稹悼念他妻子的诗《遣悲怀》三说:"唯将终夜长开眼",夜里睡不着,想他的爱人,他就说整个晚上都睡不着,常把眼睛睁开。这就不能解释为"眼珠子"了。时代不同啦,"长开眼","眼珠子"怎么还能睁开呢? 所以特别要强调语言的时代性,"通论"里边就要强调这个东西。

有人埋怨我们那部书语法讲得太简单,又零散,为什么我们这样做呢? 这牵扯到课程的目的性问题。这个课程,你想要解决什么问题呢? 是要培养学生阅读古书的能力。刚才我说了,青年人不懂古书,主要问题不在于不懂古语法。有语法问题,那是很少很少的,主要问题是在词汇。所以少讲点语法是应该的。多讲有什么不好呢？多讲你就占用了别的时间，没有那么多时间嘛。况且已经学过现代汉语的语法了，古今的语法变化很小，词汇变化得最快。语法是富于稳定性的，所以我们就不用太强调全面地讲古汉语语法了，那同我们这个课程的目的不符合。有些学校还感觉到我们编的《古代汉语》那部书篇幅太大，四大本，教不完。那不要紧，我们编多了，少教可以，要是不够倒不好了，所以我们编的篇幅稍微大点，教的时候那当然可以少教。"文选"中那些长篇的文章就可以不教了。还有"通论"中关于古代文化常识的那部分也可以不教。这有两方面的麻烦：一方面，教师备课有麻烦；另外一方面，学生学起来也感到困难。此外，文化常识的作用也不是太大。所以，如果时间不够，可以首先把"文化常识"砍掉。

　　暂拟的语法系统在中学里讲授已经一年了,同志们对于这个系统想必很熟悉了。这次大家要我谈一谈这个系统。我没有教中学,我对于这个系统恐怕还比不上同志们熟悉,我能谈些什么呢?我想我只能和同志们谈一谈这个系统的原则和特点,再举词类的划分标准为例来证明这个原则和特点,最后谈一谈语法教学和语言教育的关系。

暂拟的语法系统在中学里讲授已经一年了，同志们对于这个系统想必很熟悉了。这次大家要我谈一谈这个系统。我没有教中学，我对于这个系统恐怕还比不上同志们熟悉，我能谈些什么呢？我想我只能和同志们谈一谈这个系统的原则和特点，再举词类的划分标准为例来证明这个原则和特点，最后谈一谈语法教学和语言教育的关系。

一

中小学的
语文教学，无论
采取什么方式，
无论使用什么
样的教材，语法
总是非教不可
的。

　　中小学的语文教学，无论采取什么方式，无论使用什么样的教材，语法总是非教不可的。要教语法就得有个语法系统。而汉语语法学界在系统方面见解很分歧，这个情况是大家熟悉的。那么，要进行语法教学就必须首先解决教学上的语法系统问题。解决语法系统问题不是一件容易事。过去很有一些语法学者企图这样做，可是没有成功。人民教育出版社为了编写汉语教材，做了不少努力，

033

终于使这个困难的问题暂时得到了一个初步的解决，提出了一个暂拟的、汉语教学中使用的语法系统。

人民教育出版社编辑部在考虑这个语法系统的时候确立了两个原则：1. 尽可能地使这个系统能把几十年来我国语法学者的成就融会起来；2. 尽可能地使这个系统的内容（从立论到术语）是一般人，特别是中学的语文教师比较熟悉的（《语法和语法教学》6~7页）。——应该说明，语法学界很多人参与了构拟这个系统的工作，语法学者和语文教师很多人提供过意见，不过因为主其事者是人民教育出版社，所以这里就简单地这样说了。

这两个原则是好的，但是，这两个原则是不可能处处遵守的，我们也不应该要求编辑部严格地遵守（所以加上两个"尽可能"）。

一部书如果没有它的特点，也就往往没有它自己的体系，因而成为一种坏作品。教科书似乎可以例外；但是，在汉语语法体系莫衷一是的今天，教科书也不能不在纷繁的语法理论中有所取舍，这就需要有眼光，有决断。所谓"兼采各家之长"只是一种理想；实际上，在兼采了各家之长以后，必须"自出机杼"，否则各家之长即使不打架，也会像一盘散沙，组织不起来。这上头还要求一些新东西，没有新东西就无从驾驭全局。由此看来，这个暂拟的语法系统决不仅仅是把几十年来我国语法学者的成就融会起来，而必须增添若干新的血液；它决不能使它的内容完全是中学语文教师所熟悉的，因为有时候没有新的论点和新的术语就无从融会各家之长。

> 一部书如果没有它的特点，也就往往没有它自己的体系，因而成为一种坏作品。

除了这两个原则之外，还有一个很重要的原则是编辑部勉力遵守然而并没有明白表示出来的，那就是重视汉语语法结构的特点，尽可能依照语法特点而不是依照意义范畴去分析汉语语法。这一个原则就构成了这个语法系统的最大的特点。

举例来说，"天、马、桌子、葡萄"等等都是名词，凭什么说它们是名词呢？依照一般的说法，凡指称人物的词叫做名词。平常我们所了解的人物是看得见，摸得着的东西。那么，"思想、意志、力量"算不算名词呢？特别是"思想"和"想念"相比较，如果单从意义上看，简直分不清它们是动词还是名词。但是，如果从语法特点上看，问题就清楚得多了。《汉语》课本里说："名词的语法特点主要表现在三个方面：1. 可以用数量词作定语；2. 不能用副词作定语；3. 名词作谓语，一般要求前边有判断词'是'，构成合成谓语。"（第三册35—36页）拿这个标准来衡量，我们马上可以断定"思想"是名词，"想念"不是名词，因为我们说"一种思想"，不说"一种想念"；说"不想念"，不说"不思想"；说"这是正确的思想"，不说"这是正确的想念"。

这种重视语法特点的研究方法，主要是受了苏联语言学的影响。

所谓把各家的成就融会起来，一个不留神，就会炒成一盘大杂烩。融会要有融会的标准，而重视语法特点这一个原则就是对于各家取舍的一个标准。

语法特点是有关语言的结构形式的问题，在语法研究上，它为什么比意义范畴更加重要呢？马克思主义不是说"内容决定形式"吗？为什么现在让形式来决定内容呢——这样辩论是没有意义的，因为语法特点的本身就是由意义的范畴来决定的，至于意义范畴如何决定语法形式，却又取决于语言的民族特点。因此，如果单看意义范畴而不管民族特点所决定的语法形式，那就是错误的。

这种重视语法特点的研究方法，主要是受了苏联语言学的影响。

二

为了说明暂拟的语法系统重视语法特点,我想最好的例证就在词类划分的标准上。

看来,暂拟的语法系统在处理词类划分的问题上,采用了苏联的"词义·语法范畴"的学说。这一学说看重了意义范畴,也看重了语法范畴,它把词义和语法特点有机地联系起来。

每一类词都有它本身的意义。课本上说,名词表示人或者事物,动词表示人或者事物的动作、发展和变化,形容词表示人或者事物的形状、性质,或者动作、行为的状态,等等,这就是每一类词的意义。中国语法学家一向喜欢从意义上定出每一类词的名称,所以叫做"名词、动词、形容词"等。直到最近定出的"数词"和"能愿动词",以及《汉语》课本创造的一个新名称——判断词,也都是从意义上定出名称来的。从每一类词的意义上给它一个定义,这有两个好处:第一是学生容易掌握;第二是这些实词的语法特点和意义是密切联系着的,所以有必要先指出它们的意义。

但是,不但虚词要讲语法特点,即使实词,如果只讲意义,不讲语法特点,那也不算是从语法结构上看问题。过去一般语法书都有这一个缺点。现在《汉语》课本克服了这个缺点。关于名词的语法特点,上面已经说过了。关于动词的语法特点,是:1.能够跟副词组合,受副词的修饰;2.能够用肯定否定相叠的方式表示疑问;3.能够重叠,重叠起来表示一些附加的意义;4.能够带上"着、了、过"这些时态助词表示一些附加的意义。关于形容词的语法特点,除指出有些特点跟动词相同外,还指出:1.双音的动词和形容词各有自己的重叠方式,这是动词和形容词在词形变化上的分别;2.动词能带宾

为了说明暂拟的语法系统重视语法特点,我想最好的例证就在词类划分的标准上。

词,形容词不能带宾词,这是动词、形容词在句法功能上的分别。有了语法特点作为标准,就解决了一些问题,例如"模范红旗"的"模范"(第三册42页)仍应算是名词,不能算是形容词,因为"模范"不能受副词修饰,不能说成"很模范的红旗"。又如"马路上一个水点也没有,干巴巴地发着白光"和"那毒花花的太阳把手和脊背都要晒裂"(第三册77页),其中的"干巴巴"和"毒花花"都是形容词,不能说前者是副词,后者是形容词,因为"干巴巴"和"毒花花"的语法特点是一样的。

语法特点可以分为两种情况:第一是形态;第二是组合能力。

课本里没有把"形态"这个术语提出来,也许是怕中学学生对这个术语不容易理解。但是课本里并不是没有谈形态。在课本里,大凡讲到有关形态的地方都叫做变化。第三册第四章讲动词的变化,其中包括动词重叠,"了、着、过"的应用,"上去,下来"等的应用;第六章讲形容词的变化,其中包括形容词的重叠和嵌音。这些都是汉语语法的形态部分。

课本里也没有正式提出组合能力来,但是,讲语法特点的时候,实际上讲了组合能力,例如动词、形容词能和副词组合,而名词不能;名词可以用数量词作定语,动词、形容词能够重叠,能够用肯定和否定的方式提出疑问等。应当指出,根据组合能力来判断词类,和根据句法来判断词类是不同的。组合能力指的是词和词的结合,一般不牵涉到主语、宾语等问题。形态和组合能力的提出,这是暂拟语法系统的特点。必须彻底认识了这个特点,然后能彻底了解这个系统。至于有些地方采用了俄语语法上的术语(如定语、状语)或俄语语法上的定义(如谓语),我们当然也需要知道这些术语的来源和所以采用的道理,然而那还不是这个系统的重要部分。

由此看来，与其说暂拟语法系统仅仅是融会了各家的成就，不如说它建立了一个新的体系；如果说它融会了各家的成就，那就应该把苏联的汉语学家的成就包括在内，因为他们才是特别重视汉语的形态和组合能力的。

在词类划分这一点上，充分说明了暂拟语法系统是学习苏联的结果。并且说明了在语法工作中向苏联学习是有重大意义的。

苏联大百科全书"汉语"一条指出：由于中世纪汉语、特别是现代汉语的发展，汉语词尾化了，不但在词义和句法上，而且在形态上也有了各种标志。所谓各种标志就是一些语法特点。

龙果夫教授(A.A. дparyhob)说："汉语一般不具备足以把它们归入某一词类的外部的、形态的标志，因此在区分它们的时候，自然就非依靠其他标准不可：1. 一定词类对某一句子成分的不同的担任能力；2. 它们跟别类的词以及跟某一形态成分的不同的组合能力。"

龙果夫教授对我提出批评。他说我虽然"在某些证据中真正利用了语法的标准"，但是我"不能把这一方法扩充到词类系统上"。他所谓语法的标准，实际上就是从语法的特点上看问题，不从意义的范畴上看问题。

我们在语法工作中学苏联，不能简单地看做是一个新的派别，而应该看做是把马克思主义灌输到汉语语法工作中来。重视语法特点和否认语法特点应该看做是唯物和唯心的分野。不重视语法特点，在汉语语法系统上很难得出科学的结论；有人把英语的语法系统套在汉语头上，有人把俄语语法系统套在汉语头上，也有人想入非非，那都是不能解决问题的。只有重视语法特点，从汉语本身的结构形式上看问题，然后语法学界的意见才有接近的可能。只有重视语法特点,才合乎唯物主义辩证法的原则,因为每一种具体语言都是按照它的内部发展规律而发展的,每一种语言都有自己的语法特点,无论照抄任何其他语言的语法都是犯了主观主义的毛病。

波斯贝洛夫同志(И·С·Посцелов)说得对:

> 在语法范畴中(按,这里所谓语法范畴和词类有密切关系),反映着各种不同的语言的本质的特点。举例来说,在俄语里,动词是和名词、形容词区别开来的;至于汉语呢,更广阔的语法范畴占据了动词的地位,这一个语法范畴有着可变的标志,它不但和动词相当,而且和形容词相当,它在句法上起谓语的作用。

他的意思是说,由于不同的语言有不同的语法特点,所以在俄语里名词和形容词相近,而在汉语里动词和形容词相近。我们可以从汉语课本中得到证明;《汉语》课本明确地说:形容词有些特点和动词相同(第三册74页)。

必须肯定,这样向苏联学习是正确的。并不是说,暂拟的语法系统已经达到尽善尽美的地步。我们是说,大家朝着这个方向走去,集思广益、共同努力,在汉语语法体系问题上,一定会逐步得到科学的结论。

三

在结束这一次谈话以前,我想谈一谈语法教学和语言教育的关系。暂拟的语法系统虽然是一个比较好的系统，但是同志们在进行语法教学的时候，如果只努力阐明这个系统，而不和语言实践密切联系起来，那就有失败的危险。第一，语法在中国是一门新兴的学问，我们过去对这方面的研究又常常是脱离语言实践的，《汉语》课本在这方面可以说是注意到了，但是做得还不够。第二，西洋语法状态复杂，令人觉得不学习语法就说不出正确的话，做不出合乎语法的文章；汉族人民在传统上没有这种感觉，轻视语法的风气还没有转变过来。为了语法这一门学问的发展，语法工作者还有许多事情要做，而最重要的一点，就是要使语法对学生们作文的通顺起一定的作用。

语法和逻辑本来是两回事，但它们之间有极密切的关系。在讲授语法的时候，与其强调语法和逻辑的分别，不如强调二者之间的有机联系。主语和谓语的配合，动词和宾语的配合，定语和名词的配合等等，虽然是逻辑问题，但是这些方面对于作文的通顺有重大的作用，要不断加以强调，不惮反复说明，依我个人的浅见，可以配合作文课，在发卷子的时候指出好的模范和坏的典型。

语法和逻辑本来是两回事，但它们之间有极密切的关系。

在语言教育方面，同志们比我有经验，一定能创造性想出许多好办法来。我只顺便在这里提醒一下，希望同志们经常注意语法教学的实践意义，因为的确有这样的一些同志，以教给学生们术语定义为满足，那就严重地脱离语言教育的实际了。

我的意见不一定正确，自己也觉得谈得不透彻，缺乏条理。希望同志们多多指正。

第三讲 —— 正字法浅说

正字法是文字的书写规则。必须掌握正字法，才能正确地使用文字。汉字的正字法，指的是把汉字的构成部分安排妥当，笔画无误；同时也指的是字形与字义相当。不写成另一个字。如果把字写错了，小则使文字失去了交际作用，大则造成政治错误。我们在使用文字的时候，决不能掉以轻心；特别是在正式文件中，我们应该以严肃的态度对待文字的书写。

一　正字的意义

语言是人类交际的工具，同时也是社会斗争和发展的工具。文字是记录语言的符号，语言通过文字来传远，传久。我们学习文化，是从识字开始的。正确地掌握文字，是学习文化的基本任务。

正字法是文字的书写规则。必须掌握正字法，才能正确地使用文字。汉字的正字法，指的是把汉字的构成部分安排妥当，笔画无误；同时也指的是字形与字义相当。不写成另一个字。如果把字写错了，小则使文字失去了交际作用，大则造成政治错误。我们在使用文字的时候，决不能掉以轻心；特别是在正式文件中，我们应该以严肃的态度对待文字的书写。

毛主席曾经说过："报上常有错字，就是因为没有把消灭错字认真地当做一件事情来办。如果采取群众路线的方法，报上有了错字，就把全报社的人员集合起来，不讲别的，专讲这件事，讲清楚错误的情况，发生错误的原因，消灭错误的办法，要大家认真注意。这样讲上三次五次，一定能使错误得到纠正。"我们必须认真注意正字法,为消灭错别字而努力!

二 汉字的性质

汉字有字形、字音和字义。这三方面是互相联系的。但是汉字只是表意文字,不是表音文字,因为同音的字并不一定同形(如"工"、"公"、"恭"、"躬")。

汉字的构成,是依照造字四原则的。第一是象形。这是画出事物形状的简单轮廓,并给予一定的读音。例如⊙(日),☽(月)。由于字体的变迁,现在这种象形字已经不再象形了。第二是指事,这是因为有些抽象概念是画不出来的,只能用笔画表示一点意思。例如"一"、"二"、"三"。第三是会意。这是两个字合成一个字来表示一个意义。例如"鸣"字从口从鸟,表示"鸣"最初的意义是鸟叫。又如"吠"字从口从犬,表示"吠"的意义是狗叫,第四是形声(谐声)。这也是两个字合成一个字,一个字表示意义的种类,叫做意符;另一个字表示读音,叫做声符。例如"城"字由"土"和"成"合成,"土"是意符,"成"是声符;"榆"字由"木"和"俞"合成,"木"是意符,"俞"是声符。象形和指事是单体字,会意和形声是合体字。合体字一般由两个字合成,也有一些字是由三个字合成的。形声字占全部汉字百分之八十以上。由于字形、字音和字义的变迁,许多汉字的意符和声符已经不容易辨认和了解了。但是,至今仍有不少形声字是容易说明的(如上面所举的"城""榆")。分析形声字的偏旁,对于认字和正字还是有帮助的。

汉字的构成,是依照造字四原则的。

形声字的结构,主要有下列的八种形式:

1. 意符在左,声符在右,如"驹"、"鲤";

2. 声符在左,意符在右,如"鹏"、"飘";

3. 意符在上,声符在下,如"晨"、"房";

4. 声符在上,意符在下,如"忠"、"赏";

5. 意符在外,声符在内,如"围"、"裹";

6. 声符在外,意符在内,如"闻"、"问";

7. 意符位置占一大半,声符占一小半,如"徒"、"徙"(原来是"辻"、"辻",即"辻"、"延"),

8. 声符位置占一大半,意符占一小半,如"颖"、"彀"("颖"的声符是"顷","彀"的声符是"彀",即"壳")。

某些意符有它们的变形。 某些意符有它们的变形。人的变形是亻,如"伴"、"侣"。刀的变形是刂,如"削"、"剃"。心的变形是忄,如"悟"、"惜"。手的变形是扌,如"指"、"授"。水的变形是氵,如"湘"、"渭"。火的变形是灬,如"烈"、"照"。犬的变形是犭,如"狼"、"猴"。玉的变形是王,如"珍"、"珠"。竹的变形是竹,如"筐"、"箕"。艸(草)的变形是艹,如"花"、"莱"。肉的变形是月,如"肝"、"胸"。衣的变形是衤,如"袍"、"裤"。言的变形是讠,如"议"、"论"。阜(小山)的变形是阝(在左),如"陵"、"陲"。邑的变形是阝(在右),如"邻"、"郊"。金的变形是钅,如"镰"、"锹"。食的变形是饣,如"饱"、"饥"。有些意符并不单独成字,只是作为偏旁,例如疒,病床儿,表示疾病,如"疮"、"瘤";纟(糸),绞丝儿,表示丝织品,如"绸"、"缎"。辶(辵),走之儿,表示走路,如"运"、"迁"。

三 部首检字法

部首就是意符。古代字典，把意符相同的字都归为一部，把用作意符的那个单体字放在一部的开头，叫做部首。中国最古的字典《说文解字》共收540个部首，后来的字典逐渐简化为214个部首。直到解放前出版的词典《辞源》《辞海》仍然沿用214个部首。部首就是意符。

部首检字法有很大的缺点。过去我们要查一个字，必须先分析出它的意符来，才能查到。如果这个字的意符是不容易辨认的，那就困难了。现在的字典，一般都改用音序检字法。我们按照拼音字母的顺序，就能很快地查出字来，方便极了。但是，由于汉字还不是拼音文字，如果我们遇见一个字，还不知道它的读音，也就无从使用音序检字法。在这种情况下，部首检字法还是有它的用处的。因此，《新华字典》前面附有一个部首检字表。部首检字法有很大的缺点。

为了改善部首检字法，《新华字典》对旧的部首有所改并。改并的根据，主要有三点。第一，许多意符的变形都另立部首，如人亻分立，刀刂分立，心忄分立，手扌分立，等等。第二，分不清部首的字，按起笔的笔形，收入点（、）、横（一）、竖（丨）、撇（丿）、折（乙，包括一乛等笔形）五个单笔部首内，如"永"入、部，"无"入一部"旧"入丨部，"冬"入丿部，"司"入乙部，等等。第三，原来的部首，有些是收字太少而又意义不显，就把这一部取消，这个部的字归到别的部里去。例如《辞源》《辞海》原来有至部，收了"致"、"臺"（台），"臻"等几个字，现在《新华字典》把"至"、"臻"归入一部，"臺"归入士部，"致"归入攵部，至部就取消了。本来，旧字典的部首由540部减为214部，已经不是完全按照意符的原则；现在《新华字典》这样一改并，更是不拘泥意符的原则，而这样改并了以后，部首检字法使用起来就更方便了。改并以后,《新华字典》的部首共有189部。

部首的次
序按部首笔画
数目排列,从少
到多。

部首的次序按部首笔画数目排列,从少到多。检字表内,同一部的字,按除去部首以外的画数排列,也是从少到多。例如"潮"字在氵部,这个字共有十五画,除去氵的三画,还有十二画,我们在氵部十二画的地方就找到了"潮"字。这个按照笔画数目查字的办法,对于《辞源》、《辞海》也是适用的。

四 汉字的写法

汉字的基
本笔形,大致可
以分为八种:

汉字的基本笔形,大致可以分为八种:

1. 横。如"天"、"下"等字的首笔。

2. 竖,又叫直。如"中"、"华"等字的末笔。

3. 撇。如"人"、"手"等字的首笔。

4. 捺(nà纳)。如"水"、"木"、"敢"、"取"等字的末笔。又"道"、"越"、"走"、"足"、"之"等字的捺叫做长捺。

5. 点。如"主"、"唐"等字的首笔,"小"、"太"等字的末笔。又"奇"的第三笔,"聚"的第八笔等叫做长点。

6. 挑,又叫趯(tì替)。如"海"、"持"等字的第三笔。

7. 折。向下折,如"口"、"田";向左下斜折,如"水"、"多"、"社"、"次";向右上斜折,如"以"、"衣"、"越";锐角折,如"台"、"去";向右折,如"山"、"匡"。注意:汉字没有「 」这样的折笔。

8. 钩。向左钩,如"丁"、"子"、"月"、"力"、"乃"、"而"、"安"、"队"、"郊";向右钩,如"戎"、"心"、"元"、"化"、"九"、"气"。

学写汉字,首先要学会笔顺。笔顺就是汉字笔画的书写次序。

有一个二十字口诀：

先上后下，

先左后右，

先外后内，

先横后竖，

最后封底。

先上后下，如"云"的笔顺是1）一，2）二，3）云，4）云。先左后右，如"州"的笔顺是1）丶，2）丿，3）卅，4）卅，5）州，6）州。先外后内，如"同"的笔顺是1）丨，2）冂，3）冂，4）同，5）同，6）同。先横后竖，如"支"的笔顺是1）一，2）十，3）支，4）支。最后封底，这句口诀是补充先外后内、先横后竖的。如"因"的笔顺不是先写方框再写"大"字，而是写完"冂"就写"大"，最后封底写成"因"。又如"土"字不是先写"二"再写"丨"，而是先写"十"再封底写成"土"（"王"、"主"、生"等字都是这样）。因此，"由"和"甲"的笔顺是不一样的。"甲"依照先横后竖的笔顺，最后一笔的竖（丨）；"由"依照最后封底的笔顺，最后一笔是横（一）。

依照上面的口诀，例如我们写一个"其"字，就不能只根据"先横后竖"一句话，把"其"字的四个横都写完，再写两竖和"八"；它的笔顺应该是1）一，2）卄，3）丼，4）其，5）其。为什么？因为根据"先外后内"的口诀，应该在写完两个长竖之后再写两个短横，又根据"最后封底"的口诀，要等到写完"八"之后再加一个长横，这个长横算是底，下面的"八"算是另外一部分了。

为什么要讲究笔顺呢？因为依照这种笔顺才容易把字写得齐整。先上后下，先左后右，先外后内的道理用不着解释了，没有人颠倒写字，也没有人先写右边，再写左边，或先写里边，再写外边。至于先横后竖,是因为便于安排竖笔。例如"未"字,把两个横画都写了,才好安排竖笔在横画的正当中。再说最后封底,也是为了便于安排。例如"圆"字,在写了"冂"之后,把里边的"员"写完再封口,就不至于方框里写不下它。又如"由"字,如果先写"曰",后写"丨"就容易穿底,变成了"申";现在先写"甶",再封底,就没有穿底的危险了。

有一些特殊情况,是口诀所概括不了的。例如"刀"、"力"、"万"、"方"等字,最后一笔该是丿呢,还是乛呢?我们一般都先写乛,后写丿,这样更好安排笔画。相反,对于"乃"、"及"等字,我们又先写丿,后写乃、乁了。

从戈的字,也是一种特殊情况。"成"的笔顺是1)丿,2)厂,3)厈,4)戌,5)成,6)成。要使右边的长钩和左边取齐。根据先上后下的口诀,"戈"的最后一笔应该是一撇,但是,依照传统的笔顺,最后一笔却是一点。现在两种笔顺都通行。

"半"、"卷"、"米"等字,要先写"丷",然后再按先横后竖来写。

"道"、"通"、"遏"、"逾"等字,不是根据先左后右的笔顺来写,而是根据先上后下的笔顺来写,即把走之儿写在最后。这是因为把声符写完了,才便于安排走之儿的高度和长度。

字形的布局(叫做"间架"),是书法上最重要的一件事。汉字被称为方块字,因为大多数的汉字都被写成正方形或近似正方形。写汉字的人常常用印有方格的纸来写。初学写字或临帖时,还有人在方格内再分九个小方格(叫"九宫格")。这样做的目的,是要把汉字写得端正、匀称、美观①。

单体字的布局是很重要的。笔画长短和距离都有一定的规矩。例如"大"字,横画应在方格的中间(九宫格横排第二行),高了低了都不好看。又如"心"字,三个点采取三种不同的形式,互相照应,一个横钩又和中点照应,这四笔相互间的距离是一样的。又如"弗"、"弟"等字,其中像"弓"字的部分,第一笔和第二笔之间、第二笔和第三笔之间,距离必须相等。这些地方都特别值得注意。

合体字,一般由两个字合成。左右合成的,如"鲤"、"鸽"、"雕"、"醋"等,上下合成的,如"监"、"浆"、"柴"、"辈"等,都是意符和声符各占一半位置。但是,更多的情况是意符占三分之一或五分之二的位置,而以较多的空间让给声符。意符在左的,如"佩"、"授"、"征"、"海"、"榆"、"怀"、"诗"、"神"、"裕"等,意符在右的,如"副"、"削"、"勒"、"欣"等,意符在上的,如"英"、"筐"、"崇"等,意符在下的,如"垒"、"恩"、"熟"等。这些都是意符占较小位置的。

三拼的合体字,原则上是各占三分之一的位置,如"锹"。有些字,依文字学说是双拼(两个字形成的),但在字形布局上,应该当做三拼看待,如"慧"字由"彗"和"心"构成,在字形布局上,应是"丰丰"、"彐"、"心"各占三分之一。有时候还要斟酌情况,不能机械地三分。例如"湖"、"谢"、"傲"、"懈"、"蓄"、"寨"等,都要求意符让出更多的空间。

有些偏旁或成分采用敛笔或变形,也是为了布局的需要。如"木"、"火"、"禾"、"米"用作左边偏旁时,应变捺为点,"土"、"玉"、"金"用作左边偏旁时,变横为挑,玉、金还省笔为王、钅,就是因为点和挑少占点地方。又如"奇"中的"大"、"聚"中的"取",都变捺为长点,诸如此类,都是由于这些成分在那些地方宜缩不宜伸(比较"奇"和"夺")。

并不是所有的汉字都要写成一样的大小,也不是都要写成方块。例如"口"字,它的形体本来就小,如果写成和其它的字一般大,反而不好看,又如"算"、"囊"、"鞭"、"蜘"、"麟"等字,由于笔画繁多,本来就该多占地方,如果写得比其他的字稍大一点,并不难看,压缩得和其他字一般大小,反而不相称。又如"心"、"曰"等本来是扁体字,不能硬把它拉长,"多""意"等本来是长体字,不能硬把它缩短。即以合体字而论,也不能处处构成正方形。下列的四种情况值得注意:

1. 左齐上。左边的偏旁只要求上部和右边取齐,或大到取齐,不要求下部也取齐。例如:

鸣　城　决　研

2. 左居中。左边的偏旁既不齐上,也不齐下,只是居于左边的中间。例如:

明　略　峰　蝗　攻　鸠　难　规　端

3. 右齐下。右边的偏旁只要求下部和左边取齐,不要求上部也取齐。例如:

即　郭　初　勤　乳　记　机　灯　细　把　翔　取

4. 右居中。右边的偏旁既不齐上,也不齐下,只是居于右边的中间。例如:

和　知　如　加　红　扛　杜　社　弘　私　驰

合体字一般既是两个字组成,那么其中的偏旁不可能是正方形,而只能是长形。有些偏旁不宜于写长,写长了不好看,所以采取上述的四种变通办法。这些布局,都是要在临帖时好好体会的。

错字是笔画有错误的字,别字是误写成另一个字。

五　关于错别字

错字是笔画有错误的字,别字是误写成另一个字。为了正确地使用文字,我们必须消灭错别字。

(一)错别字的种类

错别字可以大致分为形近而误和音近而误两大类。

形近而误。——汉字的成分是多种多样的,其中有许多互相近似的成分,很容易引起书写上的错误。现在举出一些常见的例子:

厂广　　厅厨厢厦厕压:庐库府庭庄

冫氵　　凉冷冻凄凌凝凛冽决减冲净凑况冯冶准:浅砂沃污沙淮

卩阝　　叩印卯柳却即:那邮郊部都郭邵

冖宀　　冠写罕冤冥军:寇实宝宿

巳巳己　危卷犯:巷祀异导:起岂改

几凡　　汛讯迅:帆巩恐筑

弋戈　　式试拭弑武赋斌鹉贰腻:哉载战

少少　　步涉陟:抄杪秒

大犬　　庆类契奕:厌哭臭

户卢　　庐驴芦炉沪:颅鲈轳泸

木术　　杀杂朵:述怵

小水　　恭慕忝添舔:泰暴漆滕滕藤

仑仓　　论沦轮抡:枪沧舱抢

今令　　吟含念岑:冷岭领

毋母　　贯惯:每海毒

印卯　　仰抑迎昂:柳铆聊

臤臣　　坚贤紧竖:监鉴览

氏氐　　纸衹舐:抵邸鸥诋砥底

予矛　　野预豫:茅蟊鹜

错别字可
以大致分为形
近而误和音近
而误两大类。
形近而误。

礻衤 社礼福：初裕被袖

东东 冻栋：练炼拣

癶夕 登凳澄瞪：祭察蔡擦

束束 枣策刺棘：速赖辣喇

艮良 痕很狠银：朗郎廊：粮狼浪

刍舀 陷馅焰诣阎：稻滔蹈韬

段叚 段缎锻：假暇遐霞

如果把"冷"写成"泠"，把"含"写成"含"，把"段"写成"叚"等等，都是形近而误。

还有一种错字是由于受上下字的影响而造成的。例如：

辉煌——辉*煌

糟蹋——糟*糨

模糊——糢*糊

绫罗绸缎——绫*缕*绸缎

形近而误，绝大多数是错字，但是也有一些形近而误的别字，误写成为另一个字去了。现在举出一些形体上容易相混的字为例：

己（自己）——已（已经）

毋（wú 不要，别）——母（母亲）

戍（shù 卫戍）——戌（xū 地支名）

灸（jiǔ 针灸）——炙（zhì 烤）

沪（hù 上海的别称）——泸（lú 泸州）

沦（lún 沦陷）——沧（cāng 沧海）

抡（lún 抡大锤）——抢（抢劫）

竞（竞赛）——竟（竟然）

肓（huāng 病入膏肓）——盲（mang 瞎）

折(折断)——拆(拆开)

析(分析)——柝(tuó打更用的梆子)

呜(wū呜呼)——鸣(叫)

钓(钓鱼)——钧(jūn三十斤)

侯(hóu王侯)——候(hòu时候)

梁(房梁,桥梁)——粱(高粱,黄粱)

销(推销)——锁(锁门)

辨(辨别)——辩(辩论,辩证)

别字的问题比错字的问题更为严重,因为别字既是误写成为另一个字,就有引起误解的可能(如"睡炕"误为"睡坑"),甚至造成很大错误(如"开幕"误为"开墓")。所以我们必须极为避免写别字。

音近而误,有些形近而误的别字,同时也是音近而误,如"竞"与"竟"混,"侯"与"候"混,"梁"与"粱"混,"辨"与"辩"混。但是,多数的情况是,字形并不近似,只因读音相同或相近,也就误写了。例如:

部署——*布署 *步署

驱使——*趋使

即使——*既使

既然——*即然

夹杂——*加杂

带来——*代来

刻苦——*克苦

残酷——*惨酷

安排——*按排

首屈一指——*手屈一指

音近而误。

变本加厉——变本加*利

生活艰苦——生活*坚苦

按部就班——按*步就班

任劳任怨——*认劳*认怨

汗流浃背——汗流*夹背

一唱一和——一唱一*合

音近而误的别字，比形近而误的别字更为有害，因为中国方言复杂，甲地同音的字，乙地不一定同音，同音别字容易妨碍全国语言的交际。例如上文所举的"部署——*布署"、"驱使——*趋使"、"即使——*既使"、"夹杂——*加杂"、"带来——*代来"、"残酷——*惨酷"、"一唱一和——一唱一*合"，在吴、粤、客家等方言里都不同音，这些方言地区的人读到这一类别字简直莫名其妙。反过来说，各方言地区也都有自己的同音别字，如吴方言区的"生平——*身平"、"责无旁贷——*职无旁贷"、"不即不离——不*接不离"，粤方言区的"整风——*井风"，"彻底——*切底"，也都是别的地区的人所不能理解的。

形声字的造字原则是那样深入人心，以致历代都有人造出一些新形声字，如房梁、桥梁的梁写成"樑"，诋毁的毁写成"譭"，注解的注写成"註"，等等。比较晚起的，未经字典正式承认的则有尝味的尝写成"喾"，背驮的背写成"揹"等。这些字，现在《新华字典》都作为异体字来处理，规定照原来的字形书写了。有些字，像模糊的模字写成"糢"，虽然一度在报纸杂志出现过，但是字典没有收它，只能算作错字的。现在比较流行的，但是仍然应该认为错别字，则有：

家具——*傢具、*傢*俱（"傢"是异体字，"俱"是别字）

安装——*按装

包子——*饱子

这一类错别字,都是应该避免的。

(二) 造成错别字的原因

形近而误,多半是由于平日不留心字的笔画。有些字,只是一笔半画之差,如己(jǐ)、已(yǐ)、巳(sì 地支名),戊(wù 天干名),戌(xū)、戍(shù)、风(fēng)、凤(fèng)。有些字,写得端正时容易辨认,写得潦草一点就容易混淆,如"天、无","处、外","归、旧","极、板","合、会"。有些成分也只是一笔半画之差,一不小心就容易出错,如"厅"、"厨"、"厢"、"厕"、"厦"等字误从广,"凉"、"冷"、"冻"、"凄"、"净"、"决"、"减"、"况"等字误从氵,"印"、"却"、"即"等字误从阝,"冠"、"写"、"冤"、"冥"等字误从宀,"危"、"卷"、"犯"等字误从巳,"汛"、"讯"、"迅"等字误从凡,"式"、"武"、"腻"等字误从戈,"冷"误从今,"含"、"念"误从令,"纸"误从氏,"初"、"裕"、"被"、"袖"等字误从衤,"刺"、"策"、"棘"、"枣"等字误从束,"抢"、"枪"、"舱"、"创"等字误从仑,"痕"误从良,"陷"、"焰"误从臽,"段"误作"叚",恭"、"慕"、"添"等字误从水,"庄"、"庆"、"类"、"杀"误加一点,"压"、"厌"误缺一点,等等。

音近而误,多半是由于没有了解字的意义。单音词的别字是比较少见的,因为单音词的意义(除了生僻的以外)是比较好懂的,但若不留心字义,也会出错。例如以"向"代"像"(象),就是因为平日没有注意,"向"字并不表示"相似"的意义。又如以"代"代"带",也是因为平日没有注意"代"字并不表示"携带"的意义。更多的、更常见的同音别字则是在合成词或成语中出现的。合成词在汉字上表

现为两个以上的字，成语则常常表现为四个字。在合成词和成语
中，为什么容易出现同音别字呢？这是因为合成词和成语包含有古
代的字义，这些字义已为现代一般人所不了解，人们在学习这个合
成词和成语的时候，只是作为一个囫囵的整体接受下来，没有深入
了解其中某一个字的实在含义，于是就在某些情况下写了别字。同
音别字并不是随便写一个同音字，而是写字的人满心以为有理由
写这个字。例如"残酷"之所以被写成"惨酷"，是由于写字的人认为
"残酷"的概念和"悲惨"的概念有关，他不知道"残"字在古代有"凶
恶"的意思，这个古义在这个合成词中保存下来了。又如"首屈一
指"之所以被写成"手屈一指"，是由于写字的人认为屈指是属于手
的事情，他不知道首先弯下一个大拇指才是表示第一的意思，音近
而误，可能还有其他原因，但是对字义的不了解，则是主要的原因。

(三) 消灭错别字的方法

要消灭形
近而误的错字，
主要靠平日注
意字的笔画，一
笔不苟。
    要消灭形近而误的错字，主要靠平日注意字的笔画，一笔不
苟。注意容易相混的成分加以区别。

形近而误的别字，与认字有关。有些比较生僻的字，常常容易
写错。例如：

棘手——*辣手

    形容事情难办，像荆棘刺手。也叫"扎手"。

病入膏肓——病入膏*盲

    我国古代医学上把心尖脂肪叫膏，心脏和膈膜之间叫肓
（huang荒），认为是药力达不到的地方。

鬼鬼祟祟——鬼鬼*崇*崇

    指偷偷摸摸，不光明正大。祟（suì岁），迷信说法指鬼神带

给人灾祸。

音近而误,如上文所说,主要原因是写字的人不了解字义。因此,消灭同音别字的方法就在手深入了解字义。例如:

绝对——*决对

    "绝对"是跟"相对"相对的。没有相对,叫绝对。"绝"在此
    是没有的意思。

贡献——*供献

    古时官吏或人民献东西给君主,叫做"贡"。"贡"和"献"同义。

至少一*止少

    "至"是"最"的意思,不能写成"止"。

精简——精*减

    "精简"来自"精兵简政",不能写成"精减"。粤、客家、闽南
    等方言,"简"、"减"不同音。

挖墙脚——挖墙*角

    挖墙脚是把基础挖掉,不是只挖一只墙角。南方许多方
    言,"脚"、"角"不同音。

权利义务——权*力义务
国家权力——国家权*利

    权利是公民或法人依法行使的权力和享受的利益,跟义
    务相对,如选举权,言论集会结社的自由,都是我国人民
    的权利。权力是政治上的强制力量,或者是职责范围内的
    支配力量。南方许多方言"利""力"不同音。

变本加厉——变本加*利

    "厉"在这里是"严重"的意思。"变本加厉"语出萧统《文选
    序》。萧统原来的意思是说:冰是积水所成,但是积水改变

了本来的性质,变为更加严重(更冷)了。现在这个成语被用来表示人的缺点错误比原来更加严重。粤、闽北、闽南等方言"厉"、"利"不同音。

按部就班——按*步就班

按部,是按照规定的部位;就班,是站到指定的班次。"按部就班",原是各就各位的意思。现在这个成语被用来表示办事要按照一定的程序。

任劳任怨——*认劳*认怨

"任"是"担当"的意思,所以不能写成"认"。粤、客家、闽南等方言"任"、"认"不同音。

汗流浃背——汗流*夹背

"浃"(jiā加)是"湿透"的意思,所以不能写成"夹"。

一唱一和——一唱一*合

"和"(hè贺)是"跟着唱"的意思。不能写作"合"。吴、粤等方言"和"、"合"读音相差很远。

由此看来,要避免别字,必须认真了解字义,不能囫囵吞枣,不求甚解。在词和成语被写错了的情况下,不能认为我们真正掌握了这些词语,也就是说,我们学习语言还没有学好。我们要学好语言,消灭错别字是必要条件之一,决不可以等闲视之。

我们要学好语言,消灭错别字是必要条件之一,决不可以等闲视之。

六 关于简化字

(一)汉字简化的意义

毛泽东同志说:"文字必须在一定条件下加以改革,言语必须接近民众。"汉字简化是文字改革的第一步。汉字简化,使本来难写难认的字变为易写易认。举例来说,从前小学生入学,语文第一课就教"开学了"三个字,当时,"开学"写作"開學",小孩学起来是非常困难的。现在,"開"字从十二笔简化为四笔,"學"字从十六笔简化为八笔,不但易写,而且易认了。又如"廠礦"简化为"厂矿","戰鬥"简化为"战斗"等等,节省了大量学习的精力和写字的时间,对于工农兵学文化,给予了很大的便利。

(二) 自造的简字

简字是从群众中来的。简化汉字是自然的趋势。但是我们也不能任意自造简字,以免造成混乱。周恩来总理在《当前文字改革的任务》中指出:"目前社会上使用简字,还存在一些混乱现象。有些人任意自造简字,除了他自己认识以外,几乎没有别人认识,这种现象自然不好。这种滥造简字的现象,应当加以适当的控制,一个人记笔记,或者写私信,他写的是什么样的字,谁也无法管。但是写布告或是通知,是叫大家看的,就应该遵守统一的规范。特别是在印刷物和打字的文件上,必须防止滥用简字。"我们必须遵照周总理的指示,不要滥造简字;在正式文件中,必须遵照统一的规范来书写文字。

> 简字是从群众中来的。

自造简字有四种情况。第一种是在狭小范围内使用过或正在使用着,但为广大群众所不熟悉。例如:

霸——*電　　出——*云　　富——*宓

搞——*捞　　假——*仜　　舅——*勇

璃——*珋　　儒——*仒　　闹——*咘

凝——*冹　　嚏——*㖷　　厦——*厃

穗——*荟　　掀——*抚　　魏——*夎

喜——*苢　　壅——*里　　邀——*迓

鹰——*鹗

这种简字必须避免。第二种是已经有了简体，又另造了一个。
例如：

检——*桥　　楼——*柚　　数——*畒

图——*晶、*盈　　围——*囬　　医——*E

验——*骁　　扬——*抇　　杨——*相

这样就造成混乱，也应该避免。第三种是过去两种写法都通
行。例如：

场——*坊　　导——*孕　　邓——*邧

阶——*阰　　让——*诶　　胜——*胂

卫——*徂

现在国务院已经选定前者公布了，就不应该再用后者了。第四
种是在群众中已经相当流行的。例如：

李——*朸　　窗——*窓　　家——*宁

两——*及

但在国务院未采用并推行以前，还不能认为是合乎规范的。在
正式文件中，这种简字还是应该避免。

同音代替，本是简化汉字的一种手段。但是，未经国务院公布
而自造的同音代替，同样不能认为合乎规范。例如：

辨——*弁　　解——*介　　整——*正

一个字有两种以上的写法，叫做异体字。为了统一的规范，国
务院宣布废除了异体字。例如"线"字在过去有"綫"、"線"两种写
法，现在统一于"线"。但是，有极少数异体字，由于笔画比较简单，

仍为一部分群众所沿用。例如：

同——*仝

无疑地，在正式文件中，这种异体字还是不应该出现的。

（三）方言区的简字

有些简字，在方言区是通行的。例如：

整——*井（广东）　　带——*俗（广西）

增——*坤（山西）　　革——*廿（山西）

现——*乳（四川）　　楼——*栌（武汉）

方言区的简字，离开了这个地区就为人们所不识，必须避免。

七　字形的规范

字形的规范，应该以字典为标准。衡量错别字，也就是按照字典来衡量。常用字不过三四千，容易写错的字不过一二百个。同音别字，常见的也不多。只要我们重视文字的规范，随时留心，基本上消灭错别字，是完全可以做到的。我们必须"把消灭错字认真地当做一件事情来办"。从思想上重视正字法，下决心消灭错别字，我们的目的一定能够达到。

我们写字，在多数情况下，是给人看的。因此，我们写字就要求字形端正，笔画清楚，不要潦草。现在有一种习惯很不好，就是在横写的时候，字和字之间的界限不清楚，上字的右边和下字的左边连起来，下字的右边或者是孤立，或者是又和下面的另一个字的左边结合，这样连绵不断，使读者感到十分费力，甚至引起误解。这种文字上的缺点必须克服。

楷书是汉字的正体,也就是字典里规定的字体。书籍杂志上的字,都是这种字体。除此之外,还有行书和草书。草书笔画简单,常有连笔,写起来快。行书是介乎楷书和草书之间的一种字体。行书和草书也有它们的规范,不是随便乱画一气。没有学会行书、草书的人,不要乱用行、草。这样才能达到字形规范的目的。

注释:

① 这里讲的字形布局,是依照手写体的,和印刷体稍有不同,印刷体中有一种楷体,和手写体相近。这里讲的字形布局,和楷体是大致适合的。

楷书是汉字的正体,也就是字典里规定的字体。

　　为什么说规范化工作帮助了汉语的发展呢？不难理解,假如汉语处在一种无政府状态中,那样的语言虽然也会逐渐发生变化，但是那只是迂回的、会增加混乱的,而不是纯洁的、健康的发展。如果拿河流来比喻语言的发展,规范化工作就好比疏导工作。人的主观能动性体现在规范化工作上。

中华人民共和国成立十周年了。在党的正确领导下，无论在政治方面、经济方面、文化方面，我国都获得了辉煌的成就。语言教育是文化工作的主要项目之一；而语言规范化工作又是语言教育主要项目之一。本文目的在于简单地叙述建国十年来汉语规范化工作的成绩，并试图阐述规范化工作的重要性及其跟语言发展的关系，作为建国十周年的献礼。

一　十年来在党领导下的语言规范化工作

　　中国共产党一向重视语言教育和语言修养的工作。毛主席教导我们：第一，要向人民群众学习语言；第二，要从外国语言中吸收我们所需要的成分；第三，我们还要学习古人语言中有生命的东西。毛主席引述了鲁迅所说的"不生造除自己之外，谁也不懂的形容词之类"。毛主席的文章就是以典范性的语言作为人们语言修养的准则的。他曾三番五次指示我们改进文风。1951年6月，党的机关报《人民日报》发表了《正确地使用祖国的语言,为语言的纯洁和健康而斗争!》的社论,同时开始每天以三分之一版的宝贵篇幅登载《语法修辞讲话》,并且连载了半年之久。这种规模广大的语言教育措施,是史无前例的。1950年斯大林的《马克思主义与语言学问题》的发表和中译本的出版,对于推动中国语言学的发展起了很大的作用。从此以后,中国语言学不再是冷冷清清的少数几个"专家"的为学术而学术的"学问"。而是有巨大实践意义的、为语言教育服务的科学了。从此以后,大家知道我们应该为祖国语言的纯洁和健康而斗争;语言规范化工作实际上已经开始了。

1955年10月,在党的领导下,连续地召开了两个重要的会议——全国文字改革会议和现代汉语规范问题学术会议。这两个会议是互相联系着的。从表面看来,文字改革工作似乎和汉语规范化工作无关;但是文字改革会议的中心议题之一是大力推广以北方话为基础方言、以北京语音为标准音的普通话,这种促进语言统一的措施正是为文字的根本改革创造条件。至于现代汉语规范问题学术会议,那就更明显地是专门讨论规范化问题的。由于是一个学术会议,所以我们还邀请了社会主义国家的语言学家,特别是汉学家参加。到会的有苏联汉学家鄂山荫、郭路特,罗马尼亚语言学家格拉乌尔,波兰汉学家夏伯龙、赫迈莱夫斯基,朝鲜汉学家柳烈。会议决定提出下列的具体建议:

(一)建议中国科学院聘请专家若干人,组成普通话审音委员会,研究并确定普通话常用词汇的语音。

(二)建议中国科学院会同有关部门聘请专家五人至七人,组成词典计划委员会。

(三)建议中国科学院、高等教育部、教育部迅速共同拟订在两年内完成汉语方言初步普查的计划。

（四）建议中国科学院语言研究所和各高等学校以及各高等学校相互间加强语言研究工作上的联系。

（五）建议中国科学院语言研究所、各高等学校语文系科、各语文杂志社，通过报告会、讨论会、座谈会、研究小组等方式，把各地的语言工作者和有志于语言研究的人组织起来，有计划地进行工作。

（六）建议各出版社、杂志社、报社以及广播、戏剧、电影部门加强稿件在语言方面的审查工作，并且在读者、观众和听众中广泛进行汉语规范化的宣传工作。

这六项建议中（一）、（二）、（三）、（六）四项是关于汉语规范化工作的（调查方言是为了推广普通话），后来都已经做到了。普通话审音委员会和词典计划委员会都在1955年12月成立，并开始工作。1957年10月，普通话审音委员会公布了《普通话异读词审音表》初稿和《本国地名审音表》初稿。同年，中国科学院语言研究所成立了词典编辑室，积极进行《现代汉语辞典》的编写工作，不久可以完稿。汉语方言初步普查工作，现在已基本完成。为了完成这一个政治任务，曾经发动了全国语言学界可以调动的人力参加工作，在调查方言的同时，编写了大量的学习普通话手册，其中有一部分已经出版。

1956年2月，中央推广普通话工作委员会成立，并设立了普通话推广处。国务院发出了关于推广普通话的指示，指示中给予普通话一个更明确的定义。本来，在文字改革会议的时候已经规定普通话以北方话为基础方言，以北京语音为标准音，国务院的这一指示更规定以北京语音为标准音，以北方话为基础方言，以典范的现代白话文著作为语法规范。普通话有了明确的定义以后，规范化工作就更便于推行。1957年11月，国务院通过了汉语拼音方案草案，后来这个方案又经过全国人民代表大会批准,这样,推广普通话就增加了更有效的工具。三年以来,推广普通话取得了显著的成绩。去年在北京和今年在上海举行的两次全国普通话教学成绩观摩会,以许多生动的事例,具体地、形象地说明了推广普通话的工作是成功的。

当然汉语规范化的工作并不限于推广普通话,也就是说,不限于教人学会说普通话;写文章比说话更应该要求合乎规范,所以加强语文教学和提高人民群众的语言修养就成为当前的重大任务。党和人民政府经常注意到这一方面的工作,采取了一系列的必要措施。近几年来,语言教育越来越受到社会上各方面的重视。可以预料,今后随着生产的发展和人民文化的提高,党所领导的汉语规范化工作一定可以取得更加辉煌的成绩。

二 规范化工作的重要性

马克思说:"语言是思想底直接现实。"毛主席说:"文章是客观事物的反映。"马克思主义者一向要求语言能充分表达思想,要求文章能正确地反映客观事物。当然,若要文章正确地反映客观事物,就必须有正确的立场、观点和正确的思想方法以及对客观事物的观察体会;但是,语言的修养也是非常重要的。我们试看马克思、恩格斯、列宁、斯大林和毛主席的著作,无一不是字斟句酌,在语言运用上达到至纯至精的。达到这种境地也是必然的。辩证法是高级的思维、认识的法则。掌握了辩证法的人所写的文章必然具有高度的逻辑性。对人民具有高度责任感的人写起文章来一定把它作为

当然汉语规范化的工作并不限于推广普通话,也就是说,不限于教人学会说普通话;写文章比说话更应该要求合乎规范,所以加强语文教学和提高人民群众的语言修养就成为当前的重大任务。

一种政治任务,一定能以严肃的态度来对待自己的著作,一定能做到一字不苟。马克思、恩格斯、列宁、斯大林和毛主席都不止一次地告诉我们写文章不能轻率从事。这里为篇幅所限,不能一一引证。总之,如果说自古的伟大作家都注意语言修养的话,马克思主义经典作家的语言修养还更为突出。

斯大林说:"语言是工具、武器,人们利用它来互相交际,交流思想,达到互相了解。"又说,"语言之替社会服务,乃是作为人们交际的工具,作为社会中交流思想的工具,作为使人们互相了解并使人们在其一切活动范围中调整其共同工作的工具"。语言的社会性决定了语言的自然轨范。语言本身有它的不可违反的规则,在说或写的时候,无论在语音方面、词汇方面、语法方面,如果超出轨范到了某种程度,人们听了或者读了就没法子懂得你的意思。这样,你的语言就失去交际工具的作用。每一个人都不希望说出话来人家听不懂,写出文章来人家看不懂,但是实际上许多忽视语言修养的人往往陷于这种境地而不自觉。当然,除非是外国人或者是外族人,还不至于完全不懂;但是,如果人们对你的意思的了解打了一个折扣,或者对你的语言的不纯洁和不健康感到不满意,你的语言的效用也就大大降低。"工欲善其事,必先利其器。"凡是希望写出好文章而忽视语言规范的人都是不懂"必先利其器"的道理。

语言既然是社会的产物,它就不允许个人去破坏它的规范。

语言既然是社会的产物,它就不允许个人去破坏它的规范。即使不是个人,而是一些人,如果他们在社会中不占大多数,他们也不能改变语言,而只会造成一种混乱状态。这种混乱状态对于社会是不利的,因为它在一定程度上妨碍了人们互相了解,从而妨碍了人们在社会活动中调整其共同工作。马克思主义者非常重视人的社会性,因此也非常重视语言的社会性。语言不但是交际的工具,而且是斗争的武器；无产阶级重视思想战线上的斗争，因此也重视作为斗争武器的语言。这就说明了我们的党为什么这样重视汉语规范化工作，为什么这样重视语言教育。

推广普通话主要是为了解决语音分歧的问题。各地汉语方言的语法差别是很细微的，词汇的差别也不大，主要是语音的分歧妨碍了语言的统一。在国家空前统一、交通空前发达、全国职工和干部由国家统一安排调度、国家的边疆要由来自各地的战士防守的今天，无论从政治、经济、国防哪一方面看，语言规范化的工作都是当前的迫切任务。而我们的鼓足干劲、力争上游、多快好省地建设社会主义的总路线，更要求作为交际工具和斗争武器的语言充分发挥它的作用，这就更增加了语言规范化工作的迫切性。上文说过，我们在党的领导下在这一方面已经做了许多工作，取得了巨大的成绩。但是我们的实际工作，还远远赶不上社会主义建设的需要；而且语言规范化的工作是长期的，经常性的，我们不可能一下子把一切不规范的现象都消灭了，而旧的不规范的现象纠正了，新的不规范的现象还会不断地发生。因此，今天语言规范化的工作要求全国语言工作者，在建设社会主义的总路线的光辉照耀下，继续不断地作更大的努力。

推广普通话主要是为了解决语音分歧的问题。

三 语言的规范化和语言的发展

有的人对语言规范化工作存在着一种误解，以为它会妨碍语言的发展。其实这是相反相成的两件事，我们不应该把它们对立起来。

斯大林说："马克思主义把科学法则——无论指自然科学法则或政治经济法则都是一样——了解为不以人们的意志为转移的客观过程的反映。人们能发现这些法则，认识它们，研究它们，在自己的行动中估计到它们，利用它们来为社会谋福利，但是人们不能改变或废除这些法则，尤其不能制定或创造新的科学法则。"但是他又说："这是不是说，例如，自然法则发生作用的结果、即自然力发生作用的结果是根本无法避免的，自然力的破坏作用在任何地方和任何时候都是以自发的、无可抑制的、不受人们影响的力量而出现的呢？不，不是这个意思。……人们如果认识了自然法则，估计到它们，依靠着它们，善于应用和利用它们，便能限制它们发生作用的范围，把自然的破坏力引导到另一方向，使自然的破坏力转而为社会造福。"关于语言的发展，也可以这样说。语言有它的发展的内部规律，这是不以人们的意志为转移的。我们不能违反语言发展的规律，改变语言发展的方向。但是，我们在法则面前并不是无能为力的，我们顺着语言发展的方向，帮助语言沿着健康的道路进展，那完全是可能的。

在封建社会和资本主义社会里,都有过违反语言发展的规律,对语言形式加以主观的规定的例子。

在封建社会和资本主义社会里，都有过违反语言发展的规律，对语言形式加以主观的规定的例子。例如17世纪法国的波罗雅尔派的学者们主观地规定了所谓"合理的语法"，要求所有的人都依照这种语法写文章；又如中国的章炳麟建议恢复单音词（火车稍停再走，建议用一个"辍"字表示），或创造单音词（铁路中断，过河后又接上，建议造一个新字表示），他又反对用"汽"字，因为"汽"字本来只有水涸的意义。资本主义国家也有一些"清洁主义者"借口维持语言的纯洁，实际上是墨守旧的形式，反对新词、新语。这些人阻挡不住历史的车轮，结果是他们被时代抛在后面了。那种主观武断的、复古主义的所谓"规范",决不是今天我们说的规范。

我们说的规范,指的是:以北京语音为标准音,以北方话为基础方言,以典范的现代白话文著作为语法规范。这种规范是有客观基础的,并不是出于主观臆断。当然,在两种形式相抵触的时候不免有所选择,例如规定甲种形式是正确的,乙种形式是错误的,但是只限于现有的形式,而不是谁创造出来的形式。我们重视语言的规范化,但是并不限制语言根据社会的需要而自然产生的发展。例如,我们不能拘执旧字典上的规定来排斥词义的发展变化。

规范化也并不是不容许同义词的存在。当然,完全同义的词(所谓等义词)将来是要根据实际需要淘汰一些,但是一般的同义词不但不应该排斥,而且还应该提倡。我们说某人的词汇不丰富,往往就是指的同义词不丰富。同义词缺乏,就跟声音单调一样不好听,跟颜色单调一样不好看。古人称色彩的复杂叫做五色,其实一个画家如果只用五种颜色来画画,就未免太单调了。高明的画家们能区别几百种色调,其中有许多种红色,许多种黄色,许多种蓝色,许多种灰色,等等。既然没有人禁止画家用各色单调,也就不会有人禁止写文章的人用同义词。

规范化更不是不容许不同风格的存在。相反地,个人的独特风格应该受到鼓励。自从汉语规范化提出来以后,听说有的作家担心会妨碍语言的发展,实际上是担心下笔不自由。的确,听说有个别的编辑同志把作家的稿子作了不适当的修改。不过那只是极个别的对汉语规范化工作的误解。据我所知,对汉语规范化有正确认识的人,谁也不会限制作家的语言。我们的汉语规范化工作和"清洁主义者"的清规戒律是有本质上的区别的。

事实上,建国十年来,汉语在不断地发展着。在社会主义革命、

我们说的规范,指的是:以北京语音为标准音,以北方话为基础方言,以典范的现代白话文著作为语法规范。

社会主义建设飞速发展的形势下，在社会生活中充满了新事物的时候，人们就随时创造了许多新词、新语，从"拖拉机""电视机"到"人造卫星""宇宙火箭"，从"政治挂帅""红透专深"到"和平共处""东风压倒西风"，新词、新语不知增加了多少。但是，我们不要以为新的词语必须是崭新的、连它的组成部分(如词素)也都是新造的：那种词语实际上是极少的。假如是那样，那就是改变而不是发展了。除了外来语之外，新的词语都是利用旧词语而赋以新的意义，例如"力争上游"这四个字都是旧的，而它的意义却是全新的。在这篇文章里，不能详细叙述汉语发展的情况。我们所想要说明的是，汉语规范化工作决不妨碍语言的发展。相反地，它帮助了汉语的正常的、健康的发展。

为什么说规范化工作帮助了汉语的发展呢？不难理解，假如汉语处在一种无政府状态中，那样的语言虽然也会逐渐发生变化，但是那只是迂回的、会增加混乱的，而不是纯洁的、健康的发展。如果拿河流来比喻语言的发展，规范化工作就好比疏导工作。人的主观能动性体现在规范化工作上。

由上所述，可见党所领导的汉语规范化工作是完全正确的，而且已经有了显著的成效。我们语文工作者应该团结在党的周围，在建设社会主义的总路线的光辉照耀下，积极地贡献出自己的力量，共同为做好汉语规范化工作而奋斗。

第五讲 —— 推广普通话的三个问题

我讲三个问题：（一）什么是普通话？（二）推广普通话的重要性；（三）对推广普通话的要求。

我讲三个问题：（一）什么是普通话？（二）推广普通话的重要性；（三）对推广普通话的要求。

一 什么是普通话

普通话是现代汉语的标准语，是汉民族共同语。

普通话是现代汉语的标准语，是汉民族共同语。

我们知道，每一个民族都有它自己的语言，如果人口众多，地域辽阔，在民族内部还分化为各种方言。汉族是世界上人口最多的民族，中国是世界上地域最辽阔的国家之一，不可避免地产生了许多方言。方言复杂到某种程度，造成这一省和那一省的人互相听不懂话，甚至不同县，不同村，隔一座山，隔一条河，也互相听不懂话。有些外国语言学家污蔑我们，说汉语实际上是许多种语言。我们决不承认汉语是许多种语言。我们的文字是统一的，各种方言的差别，都不是根本的差别。各地的语法，基本上是一致的；各地的基本词汇，差别也不大；各地的语音，差别较大，但是有语音对应规律。

人们无意识地利用这种语音对应规律学会了其他方言。譬如说，一个广州人学北京话，他并不需要一个一个字音死记，广州"天"字念tīn，北京念tiān，他就类推，"田"字在北京一定念tián，"电"字在北京一定念diàn，"连"字在北京一定念lián，等等。这种类推就是无意中利用了语音对应规律。既然各地方言属于同一种语言，还要规定一种民族共同语做什么呢？那是因为互相听不懂话，大家就没有共同语言。我们需要有一种全民族都能听得懂，都能说得上的语言，这就是普通话。

普通话是以一种方言为基础的。除了原始社会人类创造语言以外，语言不可能是人造的。所以我们不可能人为地创造一种普通话。1913年读音统一会制定了"注音字母"，规定一种"国音"，虽然说是以北京语音为基础，但是搀杂了一些江浙语音，声母有万[v]，广[ȵ]，兀[ŋ]，声调有入声，同时又取消了北京的e[ə]。这种非驴非马的"国音"，谁也说不好，教师教不好，学生学不好。最后只好取消三个声母，增加一个韵母乜[ə]，取消了入声，完全采用了北京音。

北京话本来也是方言，那么，为什么采用北京话，而不采用别的方言，作为现代汉语标准语呢？是的，照理说，任何方言都有作为标准语的资格。从前章太炎就建议过以武汉话作为标准语。但是，既然每一种方言都有作为标准语的资格，那么我们就要挑选最合适的。古今中外，民族共同语都是以政治文化中心的语言为标准的。我国曾经以洛阳话作为标准语，法国以"法兰西岛"（今巴黎一带）的话作为标准语，都是这个道理。今天我们把北京话定为普通话的标准（但是普通话不完全等于北京话，下面还要讲到），是最合适的了，因为北京是中国政治、文化的中心。

1955年现代汉语规范问题学术会议规定普通话的定义是："以

北京语音为标准音,以北方话为基础方言,以典范的现代白话文著作为语法规范"的现代汉语标准语。现在我分标准音,基础方言、语法规范三方面来讲什么是普通话。

第一,普通话以北京语音为标准音。为什么不说以北方话为标准音,而说以北京话为标准音呢? 北方话是地区方言,北京话是地点方言。地区方言内部分为若干地点方言。北京话、天津话、济南话、太原话、西安话等,都是属于北方话的地点方言。地区方言没有标准音,地点方言才有标准音。譬如说,天津话的语音就和北京话不同。必须说普通话以北京话这个地点方言的语音为标准音,才有明确的标准。

从前有人说,普通话就是普普通通的话,大城市五方杂处,南腔北调,互相听得懂,那就是普通话。这话不对。南腔北调是不好的,有时候互相听得懂,有时侯听不懂,就不方便了。我们必须以北京语音为标准音,说起普通话来,人家才能句句懂,字字懂。

既然普通话以北京语音为标准音, 我们必须彻底了解北京语音系统。汉语拼音方案就是这个北京语音系统。首先要明白,自己的方言在语音方面和北京话有什么不同。首先要会听,然后才会说。如果你听不出你自己方言的语音和北京语音的差别来,当然也就说不好普通话。(这是对成年人说的,至于小孩学普通话,那就很自然,用不着许多讲究。)一般人总认为,北京语音也就是自己方言里有的那些音,他们不知道,北京话有许多字音是别的方言所没有的。譬如说,zh,ch,sh这三个音,上海话里就没有,上海人说普通话,常常把"白纸"说成"白子","好处"说成"好醋","历史"说成"历死"。为什么? 因为上海人听北京人说话,觉得zh,ch,sh和z,c,s没有什么分别,他说"好醋"已经很像北京人说的"好处"了。广州方言里没有zh,ch,sh,也没有j,q,x,只有[ʧ],[ʧʻ],[ʧ](略等于英语的ch,sh等),所以广州人说普通话,常常把zh与j、ch与q、sh与x混同起来。他们把"政治经济学"说成[ʧiŋ ʧi ʧiŋ ʧi ʃye],听起来很像"敬祭精计学",难懂不难懂? 我们教上海人、广州人学普通话,先教他们说"四十四棵柿子树",上海人不要说成"四丝四棵四子素",广州人不要说成"戏席戏棵戏几婿",就好了。

中国方言复杂到什么程度,是人们想象不到的。有人说,东北人把"日本"说成"一本"湖北人说成"二本"上海人说成"十本"。其实,不但"日"字是这样,别的字也是这样,各个方言地区的人学习北京语音,困难各有不同。要注意自己母语的字音和北京话的字音不同之点。改变自己的语音习惯,然后才能把普通话学好。今天是八月十八日,苏州人说成[PɔʔŋəʔzəʔPɔʔzəʔ],首先苏州人要把入声韵尾喉塞音[ʔ]去掉,因为北京话是没有入声的,然后注意把"八月十八日"说成ba yue shi ba ri。假如你是一个湖南长沙人,说一句"我要到图书馆去",这七个字都要改变长沙读音,然后成为普通话。首先要改变声调。长沙"我""馆"二字是个高降调,要改为低平调;长沙"要""到""去"三字是个高升调,要改为高降调;长沙"图"字是个低升调,要改为中升调;长沙"书"字是个中平调,要改为高平调。其次要改变声母,"我"字声母是[w]不是[ŋ],"图"字声母是t[tʻ]不是d[t],"书"字声母是sh[ʂ]不是χ[ç],"去"字声母是q[tɕʻ]不是k[kʻ]。其次要改变韵母,"我"字韵母是[uo]不是[ɔ],"图"字韵母是u[u]不是ou[ou]"书"字韵母是u[u]不是ü[y],"馆"字韵母是uan[uan]不是[uõ]"去"字韵母是ü[y]不是e[ɔ]。七个字就有这么多讲究,可见改变语音习惯是不容易的。

普通话的声调最易学,也是最难学。说声调最易学,是因为普通话只有四个声调，声音的高低升降不是难学的。当然，习惯于浊音低调的人，也要注意把低调变为高调。例如上海人说普通话，要注意把"电话"说成"店化"。说声调难学，是因为普通话有轻声，这是南方人所不习惯的。有一次我说我喜欢听侯宝林说相声，把相声的"声"字说成重音，我的孩子纠正我，说"相声"的"声"应该说成轻声。普通话对某字在什么地方念轻声，有时候要依照习惯，例如"石头"、"枕头"的"头"念轻声，而"钟头""窝头"的"头"不念轻声。这些都靠我们随时记住。

在普通话里，两个上声字连读时，前面的上声变为阳平。例如"起点"说成"奇点"，"老板"说成"劳板"等等。各地的人学习普通话，一般都能注意到这个规律。只有湖南人往往忽略了这一点。但是，当第二字说成轻声时，第一字仍旧应该念上声。例如"椅子"、"饺子"、"嫂子"、"姐姐"等。广东、广西的人说普通话，常常在这些地方第一字念阳平，第二字念重音，怪难听的。我在1943年写的《中国语法纲要》举错了一个"椅子"的例子，至今感到惭愧。

> 普通话以北京语音为标准音，指的是北京的语音系统，不是北京人每一个字的读音。

普通话以北京语音为标准音，指的是北京的语音系统，不是北京人每一个字的读音。某一个具体的字，如果北京人读音不正，普通话可以不采用。例如有一个时期，北京人把"侵略"说成"寝略"，我们的广播电台仍旧说"侵略"，我们的字典仍旧注为qīnluè，后来北京人也就跟着念qīnlüè了。北京人又把"倾向"qīngxiàng说成qǐngxiàng，"塑料"sùliào说成suòliào，但是我们的字典仍旧注为qīngxiàng，sùliào。最近十几年，北京人对某些词语的读音也起了一些变化，例如把"质量"zhìliàng说成zhǐliàng，"教室"jiàoshì说成jiàoshǐ我们的字典没有改读，我们也可以不改读。有些字，北京人的读音起着一种语法作用，例如介词的"把"（"把书放在桌子上"）说成bǎi，介词的"在"（"不能在教室里抽烟"）说成，zǎi或（dǎi），似乎可以吸收进普通话里。但在字典没有吸收以前，我们也可以不必模仿北京人的读音。

第二，普通话以北方话为基础方言。这主要是指词汇说的。为什么不说以北京话为基础方言呢？北京话是地点方言，北方话是地区方言，北方话比北京话的范围大。普通话的词汇，应该是北方地区通用的词汇，不包括北京的土话。语言学家罗常培，他是土生土长的北京人，但是他平常说话时，特别是讲课时，极力避免北京土话。我们的字典不收北京太土的话。有些北京土话，字典里收了，就注上一个〈方〉字，表示它是一个方言，和其他方言一样对待。北京土话常常把"我们"说成ζ·me字典里不收。北京土话有个"帅"字（"他写的字真帅"），是"好"的意思，字典里不收。近年的北京土话里，有个"盖"字（"这个电影盖了"），是"好到极点"的意思，字典里不收。北京土话有个"逗"字，是"逗笑儿"的意思（"这话真逗"），字典里收了，注上一个〈方〉字。北京土话有"告送"这个词，是告诉的意思，字典里收了，注上一个〈方〉字。有时候，"告送"也说成gàng（杠），字典里也不收。我们说，普通话不就是北京话，就是这个道理。

学习普通话词汇，要注意自己方言词汇和普通话词汇的不同。普通话"自行车"，上海说"脚踏车"，广州说"单车"，常常看见广东、广西的报纸上把"自行车"说成"单车"，那是不对的。各个方言区域都有自己的词汇特点，各不相同。如果把全国方言词汇合编一部词典，那就比现在我们的字典篇幅大几十倍。譬如说，广州人把父亲叫做"老豆"，苏州人叫"爷"；广州人把小孩叫做"细佬哥"或"细路仔"，苏州人叫"小干ng"。还有一些方言词，在普通话里找不到恰当

第二，普通话以北方话为基础方言。

的翻译。例如苏州话的［tla］（略等于"娇"），广州话的"孖"mā（略等于"双"或"对"），"孻"lāi（"孻仔"是最小的儿子，略等于北京人说的"老儿子"）。有些方言词，听起来好像和普通话一样，其实不一样。例如一个昆明人去看朋友，朋友不在家，他告诉朋友家的人说："我明天上午又来。""又来"只是"再来"的意思，按普通话该说"我明天上午再来"。这些细微的地方，要细心观察才能看出来的。

第三，普通话以典范的现代白话文著作为语法规范。这实际上也就是以北方话的语法为标难，所以要以典范的现代白话文著作为语法规范。譬如说："狼把羊吃了。"这样一句话，北京人常常说成"狼把羊给吃了"，"给"字是多余的，普通话不必这样说。但是，一般地说，普遍话的语法也就是北方话的语法。

第三，普通话以典范的现代白话文著作为语法规范。

上面说过，各地方言的语法差别不大。只有一些地方值得注意。1. 关于词序的问题。广东、广西的人要注意："我先去"不要说成"我去先"，"我给他十块钱"不要说成"我给十块钱他"。云南人要注意，不要把"不很好"说成"很不好"。2. 关于人称代词的问题。北京话第一人称复数有包括式和排除式的区别。"咱们"是包括式。包括对话人在内；排除式不包括对话人在内。例如："我们走了，咱们再会吧。"这种区别在《红楼梦》里是很清楚的。最近几十年来，北京人在该用包括式的地方也说"我们"了，但是在该用排除式的地方绝对不用"咱们"。例如我们可以说："我们走了，我们再会吧。"但是不可以说："咱们走了，我们再会吧。"北京话的"您"，是表示敬意的第二人称代词，它没有复数，"您们"是不说的（可以说"你们两位"、"你们三位"等）。现在报纸上常见"您们"，这是不合普通话语法的。3. 关于虚词的问题。这个问题很复杂，不能详细地讲。某种方言用两个词的地方，普通话只用个词。例如苏州人说"俚已经来格哉"，普通话只说"他已经来啦。"有时候,不同的两个虚词,在普通话里用的是相同的词。例如苏州人说:"你吃仔饭再去",在普通话里说的是"你吃了饭再去";苏州人说"俚蟛吃饭就去哉",在普通话里说的是"他没吃饭就走了"。"仔"和"哉"都翻译为"了"。这些地方都是值得注意的。

二 推广普通话的重要性

普通话是汉民族共同语,同时也是代表中华人民共和国的中国话。因此,推广普通话有极其重大的意义。把普通话推行好了,就是为四个现代化服务,为社会主义建设事业作出贡献。

普通话推广了,普及了,可以加强我国人民的民族意识。我国各少数民族也都学习普通话,因为普通话可以作为民族间的交际工具。这样,非但汉族内部可以加强团结,而且整个中华民族都可以加强团结,这对于我国全国人民安定团结所起的作用,是不可估量的。

为了实现四个现代化,我们需要全国人民的技术交流。将来越来越多的熟练工人和技术员要到各地传授技术,普通话可以扫除我们的语言障碍,加强我们的传授效果。我们又需要召集各种会议,如专业技术会议、经济管理会议等,普通话又是会议成功的条件之一。

政治性的会议更加需要普通话。譬如广东省人民代表会议,往往需要三种话翻译,一是广州话,二是客家话,三是潮州话。(如果不在大会翻译,也要在小组会上翻译。这是多么不方便,而且容易

推广普通话有极其重大的意义。

翻译失真。

学校里教师必须用普通话讲课。即使是在中小学,也不能用方言讲课,因为现在各大中城市都是五方杂处,不用普通话,学生就听不懂。至于高等学校,学生来自全国各地,那就更非用普通话讲课不可。有一位大学教授,他是苏州人,讲文艺理论课,在一小时内就多次提及"电影",学生们纳闷了:文艺形式是多种多样的,为什么专讲"电影"呢? 后来才明白了,老师讲的不是"电影"而是"典型"。有一位大学讲师,他是广东人,讲课时屡次提及《西游记》,学生们纳闷了:这一堂课和《西游记》有什么关系呢? 后来才明白了,老师讲的不是《西游记》,而是"私有制"。又有一位大学讲师,他是湖南人,在课堂上大讲"头发",学生纳闷了:这一堂课和"头发"有什么关系呢? 后来才明白了,老师讲的不是"头发",而是"图画"。这种情况必须改变,否则会影响教学效果。当然我们的前辈也多数有不会说普通话的毛病。有一位大名鼎鼎的教授讲《诗经》,讲到汉代有一位学者姓毛,名叫毛坑,他为《诗经》作传,所以《诗经》又叫《毛诗》。学生们笑了,知道他讲的是毛亨。他是广东人,广东话"亨、坑"同音,都念hēng,他矫枉过正,就都念kēng了! 我们不怪那位老教授,因为他是封建时代的人。如果我们社会正义时代的大学教师也不能用普通话讲课,那就该受批评了。

现在我国和外国文化交流日益频繁,外国常常邀请我国教师去教汉语,我们当然要用普通话教他们,不能用南腔北调教他们。目前这种合格教师相当缺乏,我们应当大力培养普通话的教师。

现在我讲讲不懂普通话的害处。

语言是交际的工具。我们说话总是有目的,或者是要求别人做一件事,或者是要把一件事告诉别人。如果你的语音说得不准确,人家就会把你的意思弄拧了,你说话的目的就不能达到,甚至带来了许多不便。一位苏州老太太住在广州,有一天她到一家商店去买盐。她用苏州话说"我要买盐"[le]。售货员说:"你要买乜野[ie]?"(广州话"乜野"是什么东西的意思。)老太太重复地说:"我要买盐[ie]。"售货员不耐烦了,她说:"我知道你要买野ie(广州话"野"是"东西"的意思),你要买乜野啊?"老太太说来说去,售货员始终听不懂。老太太只好用手指着盐来说,才解决了问题。一个北方人在广州买甘蔗,售货员说:"一毫子一斤(gan)。"那人付了一毛钱,就把一根甘蔗拿走了。因为广州话"斤""根"同音(都念gan),所以闹这个笑话。另一个北方人在广州商店里买一件东西,售货员说要"十二(yi)个银钱"(即"十二块钱"),那人付了十一块钱,就把东西拿走了。据传说,蒋介石责骂一个犯错误的官员,那官员辩解了几句,蒋介石发怒说:"你强辩(bì)!"那官员赶快跪下求饶,以为蒋介石要枪毙他。有一位教授,他是广东人,快要到某工厂去讲课,向一位领导干部辞行,谈了几句话,就说他要回家收拾收拾[ʃiuʃiʃiuʃi],那位领导同志说:"是的,你该回家休息体息了!"又有一位老教授,远道从广东来,有事情找我。他的普通话讲不好,我听了半天不懂。我说:"你干脆说广东话吧,我懂广东话。"谁知道他的广东话我也听不懂,他是台山人,说的是台山话!一位四川女同志在北京商店要买一条"男(lan)裤子"。售货员给她一条蓝色女裤。她说:"我要的是男(lan)裤子,不是女裤子。"售货员才明白过来。听说还有一位四川女同志——这是多年前的事了——在公园湖边洗脚,一只鞋掉在水里,她高声嚷嚷说:"我的鞋(hai)子掉在水里了!"游客们听说她的孩子落水,连忙帮她打捞,捞起来是一只鞋!以上所说的这一类故事。可以举出许多许多。这不是笑话,其中许多都是真实的事情,有些还是我亲身经历的事情。不懂普通话,该是多么不方便啊!

有时候,不懂普通话还有严重的后果。听说有一次,某部队传令某日上午开大会,传令的战士普通话不够好,把"上午"说得很像"下午",结果把事情耽误了,又有一次,海军某部打旗语传信号,由于打旗语的战士普通话不够好,把旗语打错了,引起了误会。这种事情,不但部队里有,恐怕工厂里也有。同志们都可以补充一些例子。由此看来,为了四个现代化,推广普通话是急不容缓的事情。

我们希望早日实现汉字拼音化。有一门新兴科学叫做"汉字信息处理",又叫"汉字编码",这是直接为四个现代化服务的。据专家们说,用汉语拼音进行信息处理,比用汉字笔画进行信息处理,工作效率高许多倍。因此,我认为我国应该早日实行文字的根本改革,即实行拼音文字。虽然我们不必等待全国语言统一才能实行拼音文字,但是把普通话推行好了,确是为实行拼音文字创造更好的条件,同时减少了许多阻力。

三 对推广普通话的要求

推广普通话有一个十二字方针:"大力提倡,重点推行,逐步普及。"

第一,我先讲一讲"大力提倡"。提倡的时候,首先要讲学习普通话的重要性。其次要破除两种思想障碍。第一种思想障碍是乡土观念。人们总觉得自己的母语是最好的。苏州人自夸说:"宁听苏州人相骂,不听宁波人说话!"宁波人说:"你们苏州话有什么好听,阿拉宁波话才好听呢!"广州人说:"我们广东话最好听,为什么要我

我们希望
早日实现汉字
拼音化。

推广普通
话有一个十二
字方针:"大力
提倡,重点推行,
逐步普及。"

第一,我先
讲一讲"大力提
倡"。

们学你们的北京话？"这上头并没有什么好听不好听的问题。我们推广普通话，并不是要消灭方言，我们只要求大家学会民族共同语。北方人这种思想障碍也不小。他们都以为北方方言和普通话差不多，用不着学普通话了。其实北方人也应该学普通话。譬如胶东人（青岛人）到北京菜市场去买肉，说成"买油"，人家能听得懂吗？北京人也应该学普通话，不要把北京土话当做普通话来说，人家听不懂。第二种思想障碍是怕学不好，所以不愿学。当然，一个人在十岁以上学话，就有一定困难，要百分之百地学会北京语音，恐怕是办不到的。但是，只要你像学外语那样下苦功去学，至少也就学得及格。学普通话要胆子大，脸皮厚，不怕人家笑话我，笑我一次我就改一次，经过多次改正，我的普通话就学得差不多了。

刚才说的我们并不要消灭方言，这是什么意思呢？我们认为，方言不是可以用人力去消灭的，我们只能等待方言的消灭。等到将来交通越来越方便，南北东西文化交流，生产协作，都比现在更方便，各地方言自然会融化在普通话里，普通话也会吸收各地方言来丰富自己。恐怕那是几百年以后的事了。所以我国各地的广播电台还有方言广播。1956年，我们开始推广普通话的时候，有的学校同学们定出一个条例，每说一句方言罚一毛钱，那是不对的。我们不该用惩罚的方法，而应该用表扬的方法。今天我们召开普通话观摩会，就是一种表扬。

第二，我讲一讲"重点推行"。我的体会是，首先要在学校里，特别是在中小学里推行。听说现在并不是全国中小学教师都用普通话教课，那不好。教师不会说普通话，就学嘛！说得不好，总比不说好。单是语文教师说普通话还不行，要各科教师都说普通话。要把学校造成一个普通话的语言环境。小孩学普通话最容易，小孩们不

第二，我讲一讲"重点推行"。

需要讲许多语言学理论，只要跟着大人说，自然学得好，而且学得比老师的普通话更纯粹。放过这个机会，到成年以后就难学了。

演员、广播员也是我们推广普通话的重点。现在各省市的话剧团演出的话剧，都是用的普通话，而且一般都讲得很好，很标准，很纯粹，这是很可喜的一件大事。电影里的对话，也很好，比解放前的电影对话好多了。广播员也有很大的进步。解放初年，我从广州乘粤汉路火车来北京，火车上广播员的普通话简直不堪入耳。这几年再从原路去广州，火车上广播员的普通话好得像中央人民广播电台的广播一样，非但普通话很标准，而且节奏分明，抑扬顿挫，逻辑重音也很合格。这对我们推广普通话工作能起很大的作用。小孩们的普通话往往说得比老师更好，为什么？就是因为他们经常看电影，看话剧，听广播，从电影、话剧、广播学来了汉民族共同语。个别地方尚待改进。例如上海拍的电影美术片，普通话不够标准，上海口音很重。这样就对全国儿童产生不良影响。希望能够改进。人民解放军战士、服务行业的职工也应该学会普通话。道理很明显，用不着多说了。

对全国广大人民群众，是不是就不推行普通话了呢？不是的。只是要求放低些。拿语言方面来说，只要求把方言和普通话大不相同的地方改一改。譬如说，你是湖南人，希望你不要把韵母ong, iong说成en, in。如果你把"中山东路"说成"真山㧬漏"zhēn shān dēn lòu，人家听不懂。如果你把"用度"（"人口多，用度大"）说成"印度"yìn dù（或dòu），那就造成误会。如果你是上海人，希望你分清e和u，否则容易把"姓何"说成"姓胡"，"河南"说成"湖南"。如果你是广州人，希望你分清u和ou，不要把"布告"说成"报告"。就词汇方面说，也要改正最容易令人误解的语词。例如广西人把"不知道"说成

"不懂",把"不是的"说成"没有",就太不好懂了。

总之,推广普通话,对各种行业要有不同的要求。拿对语文教师的要求来要求一般群众是不对的;拿对一般群众有要求来要求语文教师,也是不对的。

第三,最后我讲一讲"逐步普及"。我的体会是:普通话应该先在中小学、戏剧界、服务行业和部队中推行,然后逐步普及到一般人民群众。其次,应该先在大中城市进行,然后普及到农村。但是,当前党的工作重点放在社会主义现代化上,农业现代化提到日程上来了,恐怕在农村也要推广普通话了。我国农村,在推广普通话方面,也有先进的典型,例如山西的万荣、福建的大田。希望今后有更多的万荣,更多的大田。

让我们大家积极努力推广普通话,为四个现代化贡献力量吧!

第三,最后我讲一讲"逐步普及"。

第六讲 —— 汉语拼音方案草案的优点和推广普及

　　提出一个方案虽然容易，但是要制订一个比较完善的方案并不容易。现在国务院公布的汉语拼音方案（草案）具备了较多较大的优点，是比较完善的，虽说还免不了有一些缺点。

　　这个方案的最大优点，即根本性的优点，就是采用了拉丁字母。

汉语拼音方案草案由国务院公布了。这是6亿人口变化生活上的一件大喜事。这一套拼音字母,在目前可以用来为汉字注音,帮助推广普通话,帮助识字;在将来可以作为拼音文字的基础。这一套拼音字母并不就是拼音文字。在党和政府没有决定把汉字改为拼音文字以前,汉字是否应该拼音化,仍旧可以根据百家争鸣的精神,展开辩论。

　　即使反对文字改革,也应该拥护这个拼音方案。为汉字注音,帮助推广普通话,不能说不是一件好事。再说,在某些情况下,拼音字母未尝不可以替代汉字的用途。拿打电报来说,今后可以逐渐改用拼音字母来打。

　　这里,我想谈谈汉语拼音方案的优点。这个方案,说远一点,是300年来各种汉语拉丁化方案的结晶;说近一点,是六十多年来中国文字改革运动的一个重要阶段。从中国文字改革研究委员会成立到今天,已经五年零九个月;从中国文字改革委员会(作为国务院的一个部门)成立到今天,也已经将近三年了。在党的领导下,在全国热心文字改革的同志的协助下。汉语拼音方案终于完成了。这个方案看来很简单,为什么费了那么多的时间和精力呢?这因为提出一个方案虽然容易,但是要制订一个比较完善的方案并不容易。现在国务院公布的汉语拼音方案(草案)具备了较多较大的优点,是比较完善的,虽说还免不了有一些缺点。

这个方案的最大优点,即根本性的优点,就是采用了拉丁字母。在文字改革研究委员会时期及文字改革委员会初期(1955年10月以前),曾经研究过用汉字笔画的形式(即所谓"民族形式"),后来困难很大,没有找到满意的方案,终于放弃了。我们走了这段弯路也是值得的,因为不是走到了尽头,还不能证明此路不通。汉字笔画方案的缺点很多,譬如说,拼音文字是要求横行连写的(主张直行的人恐怕很少),汉字笔画就不适宜于横行连写。曾经有人企图连写,连写得越好看,就越不像方块汉字;连写得越顺溜,就越像拉丁字母。后来闹成笑话,有人干脆用拉丁字母(稍加变化),硬说是由汉字简化成功的。这样,何不索性就用拉丁字母呢?

拉丁字母是古代罗马的字母。现在世界上应用拉丁字母作为文字的总共有60多个国家,包括英国、美国、法国、意大利、波兰、捷克、匈牙利、罗马尼亚、以及苏联加盟共和国爱沙尼亚、拉脱维亚、立陶宛、卡累列芬兰等。既然拉丁字母是国际通用的字母,我们采用了拉丁字母,在国际文化交流上有很大的好处。拉丁字母比较容易为一般知识分子所接受,因为除了狭隘的民族主义者以外,大家都会承认拉丁字母的优点,如笔画简单,构形明确,等等。

经确定采用拉丁字母以后,拼音方案的拟订工作大大地推进了一步。拉丁字母所代表的音素,虽然各国都有所不同,但是相差不远;这样,现代汉语的声母、韵母在拉丁字母中的表示,大多数可以肯定下来。例如b,p,m,f,d,t,n,l,g,k,s,a,i,o,u等字母,在文字改革委员会中,可以说没有引起过任何争论。这样,剩下的问题就不多了。

我们再来
谈谈作为拉丁
字母方案,它本
身有哪些优点。

第一个优
点是不造新字
母。

我们再来谈谈作为拉丁字母方案,它本身有哪些优点。

第一个优点是不造新字母。限用原有26个拉丁字母,不但马上可以利用现成的铅字和打字机,而且可以避免许多由新字母带来的缺点。新字母有两种可能:第一种是完全新造;第二种是把拉丁字母加以变化。第一种只是一种理想,因为无论是谁,凭空杜撰出来的新字母总是不能得到多数人同意,因为很难造得简单、好看、好写、好认。第二种办法我们曾经尝试过;在去年公布的草案中,我们造了4个字母,即ẕ,ç,ş,ŋ,结果遭到了群众的反对。其中的ŋ由于它是一个国际音标,反对的人比较少些;至于ẕ,ç,ş,这三个新字母几乎变成了"众矢之的"!有人建议改为加符号的办法,例如改成ż,ĉ,ŝ,或ż,č,š,或ź,ć,ś,或ż,ç,ş,或ẕ,ç,ş,或zε s。加符号也不是令人满意的,除了不美观的缺点以外,还有一个大缺点,就是不能一笔连写,要提笔再加符号,造成书写上的不便。

原草案有一个小型大写的I(无点的i),还借用了俄文的字母ч。这次修正,不再采用这两个字母。这两个字母虽然不算新字母,但是插在一般的小写的拉丁字母里,显得不调和。

新方案里有个ü,可算是新字母,但是依照德文的办法,可以不列入字母表。这个ü也是加符号的,可说是新方案的缺点。但是,在新方案中,j被用来代替俄文字母ч,就不能不用y来代替原来的j(代表半元音),于是只好借用德文字母ü来代替原来的y(注音字母Ц)了。这ü上面的两点在大多情况下可以省略,所以这个缺点不大。

新方案里有个ê,这是备而不用的字母,在拼写普通话的时候不用它,只有在拼写方言和外来语的时候用它,所以不算缺点。

由于拉丁字母只有26个,不够汉语拼音的用途,如果不造新字母,就不能不用一些双字母。所谓双字母,就是用两个字母来表示一个音位。在新方案里,原草案的z̧,ç,ʂ,ŋ,改为zh,ch,sh,ng(即原来的代用式)。

不造新字母和不用双字母都是优点,但是这两个优点是互相冲突的,三年以来,这是会内、会外辩论最激烈的一点。经过了反复的讨论,文字改革委员会终于决定采取了更大的优点,即不造新字母的优点。

但是,在为汉字注音的时候,为了要求字形简短,可以采用简化式ẕ,ç,ʂ,ŋ。这样有一个好处,就是令人意识到这些字母所代表的都是简单的音位。当我们用双字母的时候,也会把它们看成一个整体了。

第二个优点是尽可能不用变读法。这个优点在草案中就有了的,但是,为了某种理由(例如不喜欢草案中ч,q,x三个字母),许多人企图用变读法来表示注音字母的ㄐ,ㄑ,ㄒ。曾经有所谓修正第一式,用g,k,h变读,修正第二式用j(=zh),ch,sh变读。此外也有人考虑用z,c,s变读。变读也有变读的优点,例如字母的经济,避免新字母和附加符号,等等。但是,变读有一个缺点,就是在学习上有一定的困难。再说,三年以来,在用什么字母变读ㄐ,ㄑ,ㄒ这个问题上,一直争论不休,只有不变读,才可以得到意见的一致。不变读可以有独立的字母j,q,x和注音字母ㄐ,ㄑ,ㄒ相对应,对用惯了注音字母的人们也是有很大的便利的。

有一种变读法可以解决不造新字母和不用双字母的矛盾,就是用j,q,x兼表ㄓ,ㄔ,ㄕ。这种变读法之所以不被采用,因为q和x在

第二个优点是尽可能不用变读法。

拉丁字母中本来是很少用的,忽然一身兼两职(而且是要职),和传统的拼法是有抵触的;再说,这样做,j,q,x的出现频率太大,会使拼音读物面目不清。变读法本身就有缺点,用j,q,x来变读缺点更大,所以文改会没有采用。

由于拉丁字母不够用,所以不能完全不用变读法。e读注意字母ㄜ,ie读注音字母丨ㄝ,是变读法。韵母i兼表"知""资"等字的韵母,也是一种变读法。

第三个优点是尽可能照顾国际拼音习惯。事实上,国际拼音习惯已经成为中国知识分子的拼音习惯, 不能不加以重视。举例来说,26个字母当中,还有一个v闲着不用。固然,我们说是留下来拼写方言和外国语,但是,主要的理由不是这个。譬如说,zh这个双字母并不令人满意,能不能用v代替它呢? 把"中国"写成Vongguo,一定骇人听闻。曾经有人考虑拿v来代替ü,这是很富于吸引力的建议,在会里曾经几次讨论过,但是,在国际习惯上,v只当辅音用,不当元音用(拉丁文v等于u,那是古代的事了),还是不要违反习惯的好。

新方案采用了ch,sh完全是为了照顾传统的习惯。zh虽然在国际习惯上没有根据,但是过去北方话拉丁化方案用了它,许多知识分子对它也不感到陌生。zh,ch,sh和z,c,s相对应,这是"北拉"的最大优点,我们应该保存下来。

zh,ch,sh的出现频率很大,从书写的时间和印刷的费用上说,都不很经济。可以不可以把zh,ch,sh和z,c,s对调一下呢? 去年清华大学有一位同学就提出过类似的建议(当时他建议z̧,ç,ş和z,c,s对调)。这一个建议很有考虑的价值,拼音方案委员曾经考虑改用z,c,s来表示ㄓ,ㄔ,ㄕ,至于ㄗ,ㄘ,ㄙ,可以用ẑ,ĉ,ŝ,或其他。后来

第三个优点是尽可能照顾国际拼音习惯。

考虑到传统的拼音习惯不宜变更太大,Shanghai(上海)改成Sanghai,恐怕已经有许多人不赞成;Changchun(长春)改成Congcun,反对的人更多了。

"知""资"等音节的韵母写出来,也是为了适合拼音文字的通例。我有一篇文章,题目是"为什么'知''资'等字要写出韵母",发表在"拼音"月刊创刊号上。这里不详细讨论了。

当然,就国际习惯来说,汉语拼音方案也还有缺点。举例来说,q的用法就不很合于国际习惯。依西洋惯例,q后面总是跟着一个u,例如英语和法语里的question("问题",而我们的方案里的q可以单独和i拼,例如qi("欺"),qing("庆"),不过,这种不合国际习惯的拼法,在新方案中是很少的。为了充分利用拉丁字母,q还是不能不用的。

要不要照顾国际习惯,这也是一个有争议的问题。有些同志认为,汉语拼音方案可以自由创造,不必为任何习惯所束缚。但是,上文说过,所谓国际习惯,实际上就是拉丁字母在中国的习惯用法,已经成了中国知识分子自己的习惯。如果在很大程度上违反了这个习惯,就会招致多数知识分子的反对。一种"标新立异"的方案,即使文改会通过了,国务院公布了,将来在推行的时候还会遭受很大的阻力。"标新立异"的方案在会议席上也不容易取得一致的同意,因为一离开了习惯用法就毫无标准,有千万种可能性,很难使大家的意见统一起来,这样就会使方案的完成遥遥无期。倒不如接受300年来汉字拼音的历史经验,加似适当的改进,这样也就是约定俗成,因势利导,在推行拼音方案工作上是会有很多的便利的。

要不要照顾国际习惯,这也是一个有争议的问题。

汉语拼音方案的公布,在国际上会有很大的反响。如果尽可能照顾国际习惯,对于国际文化交流有很大的便利。

我国各少数民族创造文字,就他们的方案(草案)看来,多数采用拉丁字母,并且依照国际习惯。现在各少数民族正等待着汉语拼音方案的公布,要求尽可能和汉语拼音方案取得一致(同样的语音用同样的字母)。如果我们标新立异,他们势必另起炉灶,也会引起很大的不便。由此看来,照顾国际习惯完全是为了工作的便利。

汉语拼音方案有了上面所说的三个优点,我们认为是比较完善的一种方案。

汉语拼音方案有了上面所说的三个优点,我们认为是比较完善的一种方案。当然它还有不少的缺点;但是,根据三年来的经验,完全没有缺点的方案可以说是不可能的。某一方面的优点往往带来另一方面的缺点。问题在于衡量优缺点的大小轻重,最后选定一种优点最多、缺点最少的方案。

汉语拼音方案还不是拼音文字。它在目前还是一个草案,将来在实验过程中,还可以加以改进。我们今天庆祝中国人民(特别是汉族人民)文化生活中的一件大喜事,首先要宣传拼音方案的好处,使大家乐于推行。

汉语拼音字母对汉字注音和推广普通话都起很大的作用。

汉语拼音字母对汉字注音和推广普通话都起很大的作用。事实证明,学龄前儿童和小学低年级学生学习汉语拼音,的确能帮助他们识字和学好普通话。即以北京的小孩来说,拼音字母对他们也很有用处。一本新的语文课本到手,他们可以无师自通地从头到尾读完,如果他们已经学会了拼音字母的话。这是政府推行拼音字母的主要目的,我们在刊物上已经讲过很多,这里不多说了。

汉语拼音字母的用处还多着呢!譬如说,话剧演员和电影演员就很用得着拼音字母。有些南方生长的演员,en,eng不分,in,ing不分,即使表演得非常出色,也令人有美中不足之感。如果利用拼音字母,加上勤学苦练,就一定能矫正读音不正的毛病。

学外语的学生们常常用汉字去注外语的音,这是一种不良的习惯，因为每一种语言都有它的语音特点，不能设想，每一个外语的音素都有一个汉语的音素跟它相当。但是，如果用汉语拼音字母来注音，行不行呢？我想，限用26个字母自然是不行的；如果加上一些附加符号用来注那些汉语普通话所无的音素，汉语拼音字母反而是外语教学上的很好的工具。这样，学生们一看见带符号的字母就心里警惕，注意不再用汉语普通话的音去读它。这种音标将要比国际音标更合用；可惜还没有人设计这样的一种音标。

总之，汉语拼音字母的好处是多方面的，我们应该好好地把它推广。可惜的是，今天这种推广工作还不是令人满意的。

由于几千年来汉族人民用的都是表意文字，所以很难养成拼音习惯。我们要推广拼音字母，首先要让大家养成拼者习惯；而要让大家养成拼音习惯，最好是普及音韵知识。

音韵学一向被认为是"绝学"，许多人都不敢问津。其实如果撇开一些陈旧的术语，音韵学也就不过是有关拼音的理论知识。从音韵学上说明拼音字母，使它更加系统化了，更加容易记忆、容易接受了，也就有助于拼音字母的推行。

譬如说，从音韵学上说，每一个汉字如果用拼音字母来注音，必须有一个韵母。这就说明了为什么"知""持""诗""日""资""慈""思"不能简单地写成zh,ch,sh,r,z,c,s。又如汉语音韵学认为这些字的韵母是i的变种，这就说明了为什么它们被写成为zhi,chi,shi,ri,zi,ci,si。

音韵学上说，韵尾共有四种，其中两种是-i尾和-u尾，另两种是-n尾和-ng尾。-i尾又分为两种，即ai,ei；-u尾又分为两种，即au,ou。这就说明了，拼音方案中的ao,iao不过是au,iau的变相，这种改变是由于au,iau容易跟an,ian相混，这样拼写只是为了技术性的原因。

102

除了ong外,-n尾和-ng尾和元音配合都成为两两相对的，即an对ang,en对eng,in对ing,这就说明了吴方言及西南方言en,eng不分和in,ing不分是跟普通话不合的,而安徽、湖南部分方言an,ang不分,也是跟普通话不合的。

在这一篇短文里，不可能全面地阐述什么是汉语音韵学。总之,音韵学是讲述语音系统的一门科学。传统的音韵学讲的是古代的语音系统。我们如果知道了古音,那就更能深入了解现代普通话的语音系统。普及音韵知识,如果按照一般读者的接受水平来讲,决不会是什么神秘的东西。让我们大家来普及汉语音韵学的知识吧!

第七讲 —— 语言与文学

今天我讲语言与文学的关系,分为四个问题来讲: 1. 语言是文学的第一要素;2. 词汇与文学;3. 语音与文学;4. 语法与文学。

今天我讲语言与文学的关系,分为四个问题来讲:1.语言是文学的第一要素;2.词汇与文学;3.语音与文学;4.语法与文学。

一 语言是文学的第一要素

没有语言就没有文学。最好的文学作品是用最优美的语言写成的。语言修养是文学家的起码条件。

高尔基说:"语言是文学的第一要素。"没有语言就没有文学。最好的文学作品是用最优美的语言写成的。语言修养是文学家的起码条件。

我们要学好现代汉语。现代文学作品都是用现代汉语写成的。文字不通顺,就写不出好的小说、剧本、诗歌、散文来。不知道有多少青年文艺工作者,只因文字不通顺,他们的作品被扔进文艺杂志编辑部的字纸篓里。

我们要学习人民的语言。工人的语言,农民的语言,小市民的语言,我们都要学。学生腔是用不上的。我们说文学家要深入生活。我认为,学习人民的语言也是深入生活的一方面。惟有用人民的语言描写人民的生活，才能使作品有生活气息。赵树理熟悉农民的语言，老舍熟悉小市民的语言，所以他们描写的农民、小市民是那样生动、传神。

我们要学好古代汉语。古代汉语有许多修辞手段，我们今天还用得上。其次，我们研究中国文学史，更不能不学好古代汉语。否则，我们连古文、古诗都看不懂，怎能研究文学史呢？

二 词汇与文学

这里讲的主要是形象思维的问题。形象思维是文学问题，也是语言问题。形象思维是用具体形象来构思，表现为语言则是多用具体名词，少用抽象名词。《诗经》的比兴，是形象思维的实践。后来"兴"发展为触景生情，情景交融，托情于景。抒情诗如果没有形象，就是最坏的抒情诗。诗的意境，也靠具体形象来表现。杜甫《秋兴》诗："丛菊两开他日泪，孤舟一系故园心。"就是以丛菊和孤舟这两个景物寄托他的思乡之情。假如他简单地说："离家两年多了，我很想家"一类的话，就味同嚼蜡了。甚至讲哲理的诗也离不开形象思维。例如朱熹的《观书有感》诗："半亩方塘一鉴开，天光云影共徘徊。问渠哪得清如许？为有源头活水来。"这里有池塘，有镜子（鉴），有天光，有云影，有源头活水，而他所要表达的意思是，每天看书都领会到许多新的道理，好像有源头活水的清池，照得心里亮堂。这样说才有诗意，是一首好诗；如果用抽象的话说出，就不成其为诗了。

《文心雕龙》用相当大的篇幅讲形象思维的道理。它说："故思理为妙,神与物游(《神思》)"。又说:"诗人比兴,触物圆览。物虽胡越,合则肝胆(《比兴》)"。又说:"山沓水匝,树杂云合。目既往还,心亦吐纳。春日迟迟,秋风飒飒。情往似赠,兴来如答(《物色》)"。这是古代文论中的形象思维论,值得我们好好地领会。

形象思维也并不都是好的。庸俗的比喻就表现诗格的卑下。例如明世宗《送毛伯温》诗:"大将南征胆气豪,腰横秋水雁翎刀。……天上麒麟原有种,穴中蝼蚁岂能逃?太平待诏归来日,朕与先生解战袍。"这种诗只有小学生的水平,是毫无诗意的诗了。

三 语音与文学

我在我的《略论语言形式美》里,指出语言形式美有三种:第一是整齐的美;第二是抑扬的美;第三是回环的美。

我在我的《略论语言形式美》里,指出语言形式美有三种:第一是整齐的美;第二是抑扬的美;第三是回环的美。整齐的美属于语法问题,下面将要谈到,这里先谈抑扬的美和回环的美。

诗是让人朗诵的,古人叫"吟",因此,诗和语言的关系非常密切。抑扬的美和回环的美是诗歌所必须具备的语言形式美。

抑扬的美和音步有关,也和节奏有关。西洋诗以轻重音为抑扬,中国旧体诗以平仄为抑扬。平仄相间为节奏。例如:

半亩—方塘——鉴—开,

仄仄—平平—仄仄—平,

天光—云影—共—徘徊。

平平—仄仄—仄—平平。

问渠—哪得—清—如许,

平平—仄仄—平—平仄,

为有—源头—活水—来。

仄仄—平平—仄仄—平。

每句有四个节奏点(四个音步),平仄相同,构成抑扬美。古代骈体文也讲究平仄。例如:

老当—益壮—宁移—白首—之心?

平平—仄仄—平平—仄仄—平平。

穷且—益坚—不堕—青云—之志。

仄仄—平平—仄仄—平平—仄仄。

(王勃《滕文阁序》)

新诗的节奏不是和旧体诗的节奏完全绝缘的。特别是骈体文和词曲的节奏,可以供我们借鉴的地方很多。已经有些诗人在新诗中成功地运用了平仄的节奏。现试举出贺敬之同志《桂林山水歌》开头的四个诗行来看:

> 云中的神啊,雾中的仙,
>
> 神姿仙态桂林的山!
>
> 情一样深啊,梦一样美,
>
> 如情似梦漓江的水。

把这四句话压缩为两句,不就是合乎格律诗平仄的"神姿仙态桂林山,如情似梦漓江水"吗?

回环的美,指的就是诗韵,诗行的韵,是同韵的字(主要元音和韵尾相同)来来回回的重复,所以叫做回环的美。抑扬的美和回环的美都是音乐美,诗歌和音乐是息息相关的。

滕王阁序
南昌故郡，洪都新府。星分
翼轸，地接衡庐。襟三江而
带五湖，控蛮荆而引瓯越。
物华天宝，龙光射牛斗之
墟；人杰地灵，徐孺下陈蕃
之榻。雄州雾列，俊采星驰。
台隍枕夷夏之交，宾主
东南之美。都督阎公之雅
望，棨戟遥临；宇文新州之
懿范，襜帷暂驻。十旬休假，
胜友如云；千里逢迎，高朋
满座。腾蛟起凤，孟学士之词
宗；紫电青霜，王将军之武
库。家君作宰，路出名区；童
子何知，躬逢胜饯。维九月

>>>

王勃的《滕王阁
序》是很讲究平
仄的，构成了抑
扬美。图为明代
文征明手书的
《滕王阁序》(节
选)。

111

为了欣赏古代诗歌的语言形式美，我们需要懂得古韵和古代声调。不但《诗经》《楚辞》的古韵和今韵不同。唐宋诗词的韵脚读音也和今韵不同。例如贺知章《还乡偶书》："少小离家老大回，乡音无改鬓毛衰。儿童相见不相识，笑问客从何处来。"依今天普通话朗诵，"回、衰"属灰堆辙，"来"属怀来辙，不能形成回环的美；如果照唐代读音，"回"［ɤuai］"衰"［ts'uai］，"来"［lai］，就押韵了。又如杜牧《山行》："远上寒山石径斜，白云生处有人家。停车坐爱枫林晚，霜叶红于二月花。"依今天的普通话朗诵，"斜"属乜邪辙，"家、花"属发花辙，不能形成回环的美；如果照唐代读音，"斜"［zia］，"家"［ka］，"花［xua］，就押韵了。

唐宋的声调也不同于现代普通话的声高。在现代普通话里，入声消失了，原来的入声字转入阴平、阳平、上声和去声。转入阴平、阳平的字就和律诗的平仄不合。例如：

银烛吐青烟，金樽对绮筵。（陈子昂）

楚山横地出，汉水搂天回。（杜审言）

野含时雨润，山杂夏云多。（宋之问）

不知香积寺，数里入云峰。（王维）

兵戈不见老莱衣，叹息人间万事非。（杜甫）

风急天高猿啸哀，渚清沙白鸟飞回。（杜甫）

玉露凋伤枫树林，巫山巫峡气萧森。（杜甫）

爆竹声中一岁除，春风送暖入屠苏。（王安石）

在有入声的方言区域（吴方言、粤方言、闽方言、客家话）里，人们朗诵唐宋律诗就占了便宜，因为这些方言还保存了入声。

在某些散文里，作者也着意使它韵文化。有散文化的韵文，如苏轼的《赤壁赋》，也有韵文化的散文，如范仲淹的《岳阳楼记》。苏轼《前赤壁赋》："'月明星稀，乌鹊南飞，'此非曹孟德之诗乎？""西望夏口，东望武昌，山川相缪，郁乎苍苍，此非曹孟德之困于周郎者乎？"这是散文化的韵文。范仲淹《岳阳楼记》："至若春和景明，波澜不惊。上下天光，一碧万顷。沙鸥翔集，锦鳞游泳。岸芷汀兰，郁郁青青。而或长烟一空，皓月千里，浮光耀金，静影沉璧，渔歌互答，此乐何极！登斯楼也，则有心旷神怡，宠辱皆忘，把酒临风，其喜洋洋者矣。"这是韵文化的散文。

律诗的平仄，在唐宋八大家的散文中也常常用得上。例如王安石《读孟尝君传》：

> 世皆称—孟尝君—能得士，
> 仄平平—仄平平—平仄仄
> 士以故—归之
> 仄仄仄—平平
> 而卒赖—其力
> 平仄仄—平仄
> 以脱于—虎豹—之秦
> 仄仄平—仄仄—平平
> 嗟乎！
> 平平。
> 孟尝君—特鸡鸣—狗盗—之雄（耳）
> 仄平平—仄平平—仄仄—平平，
> 乌足—以言—得士？

平仄—仄平—仄仄。

不然—得一—士焉,

仄平—仄仄—平平,

宜可以—南面—而制秦,

平仄仄—平仄仄—平仄平,

尚取—鸡鸣—狗盗—之力哉!

仄仄—平平—仄仄—平仄平,

鸡鸣—狗盗—之出—其门,

平平—仄仄—平仄—平平,

此士之—所以—不至也!

仄仄平—仄仄—仄仄仄!

这基本上是平仄相间,节奏分明。古人对散文也要求朗诵的,所以要讲究声韵。古人所谓的"声调铿锵","掷地当作金石声",就是这个道理。

由上所述,我们可以知道,要更好地欣赏古典文学,就必须略懂声韵。语言与文学的密切关系,由此可见。

我们可以知道,要更好地欣赏古典文学,就必须略懂声韵。

四 语法与文学

语言的整齐的美,指的是对仗。不但律诗有对仗,古体诗和词曲也有一些对仗。不但骈体文有对仗,散文也有对仗。《文心雕龙》有《丽辞》篇,就是专讲对仗的。

对仗,就是名词对名词,动词对动词,形容词对形容词,数量词对数量词,虚词对虚词。同一词类放在前后两句的同一位置上,所以是语法问题。例如白居易《钱塘湖春行》诗:"乱花渐欲迷人眼,浅草才能没马蹄。""乱"和"浅"是形容词对形容词,"花"和"草"、"人"和"马"、"眼"和"蹄"是名词对名词,"迷"和"没"是动词对动词。"欲"和"能"也是动词对动词,"渐"和"才"是副词对副词。

诗人们还把名词分若干小类,如天文、地理、时令、宫室、动物、植物、形体等。同一小类相对,叫做工对。上面所引白居易诗的例子,就是工对的典型。明白了这个道理,我们就知道杜甫《咏怀古迹》"画图省识春风面,环佩空归夜月魂",为什么不说成"……月夜魂"了。

在律诗中,常常有一些特殊语法形式。

在律诗中,常常有一些特殊语法形式。最常见的是一种不完全句,就是只有名词性词组,没有谓语。例如:

> 极浦三春草,高楼万里心。(贾至)
>
> 浮云游子意,落日故人情。(李白)
>
> 渭北春天树,江东日暮云。(杜甫)
>
> 江汉思归客,乾坤一腐儒。(杜甫)
>
> 高鸟长淮水,平芜故郢城。(王维)
>
> 山中一夜雨,树杪百重泉。(王维)

有时候,一句中包含两个分句,一个是不完全句,一个是完全句。例如:

> 泉声咽危石,日色冷青松。(王维)
>
> 香雾云鬟湿,清辉玉臂寒。(杜甫)

晓月过残垒,繁星宿故关。(司空曙)

五言律诗只有40个字,为了言简意赅,常常要用不完全句。七言律诗虽有56个字,不完全句也不少见。例如:

旌旃朝朔气,笳吹夜边声。(杜审言)

少妇今春意,良人昨夜情。(沈佺期)

云里帝城双凤阙,雨中春树万家人。(王维)

落日澄江乌榜外,秋风疏柳白门前。(韩翃)

春风鸾镜愁中影,明月羊车梦里声。(戴叔伦)

三五夜中新月色,二千里外故人心。(白居易)

绕郭烟岚新雨后,满山楼阁上灯初。(元稹)

屏上楼台吴后主,镜中金翠李夫人,(温庭筠)

蝴蝶梦中家万里,杜鹃枝上月三更。(崔涂)

万里山川唐土地,千年魂魄晋英雄。(罗隐)

秋风万里芙蓉国,暮雨千家薜荔村。(谭用之)

古代汉语有一种使动词。如"生死人而肉白骨"里"生"和"肉"。这种使动词在律诗中也常见。王安石的名句"春风又绿江南岸",其中"绿"字就是一个使动词,使动词是由名词、形容词和不及物动词变来的。现在再举几个例子:

黄云断春色,画角起边愁。(王维)

山光悦鸟性,潭影空人心。(常建)

回风醒别酒,细雨湿行装。(岑参)

感时花溅泪，恨别鸟惊心。（杜甫）

使动词也
能起言简意赅
的作用，所以律
诗中常常用它。

使动词也能起言简意赅的作用，所以律诗中常常用它。

以上所讲，可见语言与文学的关系非常密切。我们要学好文学，必须先学好语言。

　　语言的真,就是语言的真实性;语言的善,就是语言的正确性;语言的美,就是语言的形式美。语言的真实性是语言问题;语言的正确性是逻辑问题;语言的形式美是美学问题,也是文学问题。毛主席说:文章有三性:正确性;鲜明性;生动性。正确性和鲜明性是语言逻辑问题;生动性是文学问题。严复说翻译要求信、达、雅。信,就是语言的真实性,不要把外语翻错了;达,就是语言的正确性,不要翻出来不像汉语;雅,就是语言的形式美,翻出来的文章要优雅、生动、漂亮。

哲学家认为,真、善、美三者有密切的关系,实现真、善、美,是人生的最高目的。文艺批评家认为,真、善、美也是文艺创作的根本法则。我认为,语言修养也应该要求真、善、美。所以我今天来谈谈语言的真、善、美。

语言的真,就是语言的真实性;语言的善,就是语言的正确性;语言的美,就是语言的形式美。语言的真实性是语言问题;语言的正确性是逻辑问题;语言的形式美是美学问题,也是文学问题。毛主席说:文章有三性:正确性;鲜明性;生动性。正确性和鲜明性是语言逻辑问题;生动性是文学问题。严复说翻译要求信、达、雅。信,就是语言的真实性,不要把外语翻错了;达,就是语言的正确性,不要翻出来不像汉语;雅,就是语言的形式美,翻出来的文章要优雅、生动、漂亮。

现在我分别讨论语言的真、善、美三方面的问题。

我认为,语言修养也应该要求真、善、美。

121

一 语言的真

语言要求真实,不真实就失掉语言的作用,甚至犯错误。日本文部省的某些人曾经把对中国的"侵略"改为"进入",那就是不真实,所以遭到我国人民和包括日本人民在内的世界各国人民的强烈反对。

语言要求真实,说起来容易,做起来不容易。有时候,为了某种政治目的,就会说假话。例如日本文部省改"侵略"为"进入",又如我国"大跃进"时期虚报丰收,"文化大革命"时期捏造老一辈革命家的罪状。有时候,为了讨好读者,追求趣味,也会捕风捉影,乱说一通。拿我来说,最近两年来,许多介绍我的生活的文章,都不免有些错误。有人说,我名叫王力,字了一,是因为"了一"是"力"字的反切;有人说,王了一就是王子,因为"了"字加一横就是"子"字,等等。其实我只是贪图笔画简单,别无他意。有人说:"王力当了小学教员,头一年每个月拿到三十几个铜钱,连吃饭也不够。"这把我说得太苦了。当时三十几个铜钱只值一毛钱,我不至于苦到这个地步。有人说:我初到法国时,由于不懂法语,到法国饭馆吃饭,连叫三个汤。这是把不懂外语的人的故事(笑话)当做我的故事了。有人说,我每天早上喝一杯鹿茸汤。没听说过鹿茸可以做汤喝的;即使可以喝,我也喝不起。真实的情况是,我每天早上喝一杯咖啡。无论如何,说假话总是没有好处的,到头来,总会被人揭穿。

语言的真实性问题还常常出现在文艺作品上。小说家写工农兵时,有人不知不觉地写上了学生腔(知识分子的语言),那就不真实。有人写古代剧本,参杂着许多现代词语,那更不真实。从汉语史来说,在那个时代,这种词语还没有产生呢。

语言要求真实,不真实就失掉语言的作用,甚至犯错误。

二　语言的善

语言的善，
就是语言的正
确性，也就是语
言的逻辑性。

语言的善，就是语言的正确性，也就是语言的逻辑性。我们学逻辑，不是为了记住它的一些条文，而是为了把逻辑的道理应用到语言的实践上。

首先谈一谈概念的分类。我们知道，在概念划分的规则中，有一条规定：划分的诸子项不能互相逾越，而应互相排斥。用通俗的话来说，就是事物的分类应该是界限分明，不应该交叉，不应该在甲类与乙类之间，在概念的内涵和外延上有部分的重叠。拿这个规则来衡量，今天我们的报纸杂志上所谓三×三不×、所谓四×、五×、六×、七×、八×等，许多是不合逻辑的。只有讲究逻辑的人，才能纠正这些缺点。

其次，谈一谈语法和逻辑的关系。一般所谓主谓不合、动宾不合、定语和中心语不合等等，多半不是语法问题，而是逻辑问题。例如有这样一个病句：

同学们都发扬了互助友爱的精神和虚心学习的态度。

精神是可以发扬的，态度是不可以发扬的，因为没有这个事理。没有这个事理就是不合逻辑，不是不合语法。

语法，我们在中学里学得不少，但是，在语言实践中，有时候还不免写出一些病句来，这是不善用逻辑思维的缘故。最近我在报纸上看见了这样一个句子：

在他们的笔下，日本过去的侵略行为已经正当化、合法化了。

"合法的侵略行为"已经很费解，"正当的侵略行为"简直不成话。应

该改为:

> 在他们的笔下,日本过去的侵略行为竟变成了合法的、正当的行为了。

在逻辑学上,我们学过了三段论法。但在语言实践中,有时候还不免犯推理的错误。最近我在报纸上看见另一篇文章,题目是《健康——成才的重要因素》,其中有这样一段话:

> 颜回是个很"好学"的"不惰者",他"闻一而知十",经常与老师言终日而不休息,为人聪明,但他的身体却很弱,31岁就不幸短命。唐代诗人李贺,才气横溢,人称"鬼才",可是27岁就夭折了。可见,健康的身体也是成才的重要因素之一。

"可见"二字用得不合逻辑。文中举颜回、李贺为例。颜回是四哲之一,李贺是著名诗人,不能说他们没有成才。可见没有健康的身体也能成才,和作者的结论正相反。作者最好不举颜回、李贺为例,读者会说,我们可以学颜回、李贺那样勤奋,勤奋就能成才,早死我也甘心。如果一定要举颜回、李贺为例,那就应该说,如果颜回、李贺不早死,会有更大的成就。不应该简单地说:"可见,健康的身体是成才的重要因素之一。"

篇章的逻辑性也应该讲究。我在某处讲过这个问题,现在重复讲一讲。

篇章结构,在逻辑上常犯的毛病有两种:第一种情况是牵连不断;第二种情况是前后矛盾。

篇章的逻辑性也应该讲究。

关于牵连不断，我举的例子是：

> 在国际上我国外交打开了新的局面，签订了中日和平友好条约，实现了中美关系正常化，胜利进行了中越边境自卫反击战，打击了霸权主义，进一步提高了我国的国际威望。

我国外交打开了新的局面，这个新的局面是什么？底下讲签订了中日和平友好条约，实现了中美关系正常化，这都是打开了外交新局面。可是，胜利地进行了中越边境自卫反击战，怎么能算是打开外交的新局面呢？我看是不能算的。其实，这是另一层意思了，不能放在打开外交新局面一句话中来说，应该分成两句话说就清楚了。

另一个例子是：

> 委员们看到各条战线喜人的形势很受鼓舞，增强了实现四个现代化的信心，提高了为实现新时期总任务贡献力量的积极性，对有关部门和单位提出一些有益的意见和建议。

这里边有个什么牵连不断的问题呢？委员们看见喜人形势很受鼓舞，增强了实现四个现代化的信心，这话本来是很通的；但底下紧接着就说对有关部门提了意见、建议。这提意见、建议算是有信心呢，还是算积极性呢？这提意见和建议跟上面说的信心、积极性有什么关系，纠缠得不清不白。其实这是两层意思，不能混在一起说。

前后矛盾，又叫前后冲突。一层意思在前边讲过了，后边再讲的时候，把前边的忘了，因此说了些跟前边发生矛盾的话。现在报纸上、杂志上有不少这种情况,这里不一一举例了。

学术论文的逻辑性特别重要。逻辑有两条重要法则:归纳和演绎。必须充分占有材料,经过分析归纳,然后引出结论,才是正确的。如果先立结论,然后寻找例证,则是错误的。我们常说帝国主义的"强盗逻辑",就是因为它的大前提是错误的。

通俗性(普及性)的文章也有逻辑牲的问题。通俗性的文章必须做到深入浅出。其实,学术性的文章最好也尽可能做到深入浅出。但是我常说:深入不易,浅出更难。深的道理用浅的话来说,尽可能避免专门术语,往往容易损害文章的科学性。所谓科学性,在某种意义上说,也就是逻辑性。必须你自己对那个道理懂得十分透彻,然后用浅话说出来才不会错。写深入浅出的文章的人就是有群众观点的人。文章发表后,将对广大群众产生有利的影响。但是必须保持文章的科学性和逻辑性,否则结果和作者的愿望相反,将对读者产生不良的影响。

三 语言的美

老子说:"信言不美,美言不信。"拿今天的话来说,就是"真话不美,美话不真"。这是老子的哲学观点。对语言修养来说,完全不是这样。我们是在"真"和"善"的基础上,进行语言文字的艺术加工,使它美。这就能做到语言既真又善、又美。

1962年10月9—11日《光明日报》上发表了我的《略论语言形式美》,这篇文章后来收入《龙虫并雕斋文集》第一册。文章中讲到了整齐的美、抑扬的美、回环的美。有同志批评我说,照你的说法,八

我们是在"真"和"善"的基础上,进行语言文字的艺术加工,使它美。这就能做到语言既真又善、又美。

股文应该是最美的文章了。其实我是在真、善的基础上要求形式美的。

我应该加一"美"，就是生动的美。对诗来说，也就是形象思维。你看，毛主席的《长征》诗："五岭逶迤腾细浪，乌蒙磅礴走泥丸。金沙水拍云崖暖，大渡桥横铁索寒。"是多么生动的形象啊！毛主席的《登庐山》诗："冷眼向洋看世界，热风吹雨洒江天。云横九派浮黄鹤，浪下三吴起白烟。"又是多么生动的形象啊！毛主席的《忆秦娥·娄山关》词："西风烈，长空雁叫霜晨月。霜晨月，马蹄声碎，喇叭声咽。"又是多么生动的形象啊！

在散文中，也要有生动性。毛主席说文章有三性，就包括生动性在内。毛主席在《反对党八股》一文中，说党八股的第四条罪状是语言无味，面目可憎，像个瘪三。这就是要求语言生动。毛主席的文章所用的语言就很生动。他的一句名言"放下包袱，开动机器"，不是用最生动的语言来讲最深的道理吗？

第九讲 —— 逻辑和语言

在社会生活中,人们要互相交流思想,就必须运用逻辑和语言。逻辑和语言是既有联系又有区别的。认识这两者的关系,会有助于我们自觉地选择恰当的词句来表达我们的思想,有助于我们从逻辑方面来分析不同词句中所包含的思想,提高我们运用逻辑和语言的能力。

在这篇文章里,拟就下列几个问题作一些分析,这些问题是:1.思维和语言的统一性;2.思维和语言的区别;3.概念和词;4.判断和句子 5.推理和复句;6.思维的发展和语言的发展。

在社会生活中，人们要互相交流思想，就必须运用逻辑和语言。逻辑和语言是既有联系又有区别的。认识这两者的关系，会有助于我们自觉地选择恰当的词句来表达我们的思想，有助于我们从逻辑方面来分析不同词句中所包含的思想，提高我们运用逻辑和语言的能力。

在这篇文章里，拟就下列几个问题作一些分析，这些问题是：1. 思维和语言的统一性；2. 思维和语言的区别；3. 概念和词；4. 判断和句子；5. 推理和复句；6. 思维的发展和语言的发展。

逻辑是关于思维的形式和规律的科学，要谈逻辑和语言的关系，必须先谈一谈思维和语言的关系。

一

逻辑是关于思维的形式和规律的科学，要谈逻辑和语言的关系，必须先谈一谈思维和语言的关系。

思维和语言是有机地联系着的，不可分割的。语言是在人的劳动过程中和思维一起产生的。没有思维就没有语言，"语言是思想的直接现实"。假使人类没有思想,则语言的存在不但没有必要,而且没有可能。没有语言也没有思维,思想"只有在语言的材料底基础上"才能产生。思维的过程实际上是一种自言自语,不过一般不发出声音来罢了。

语言对人类思维的发展有着重大的意义。斯大林说:"有声语言在人类历史上是帮助人们从动物界划分出来、结合成社会、发展自己的思维、组织社会生产、与自然力量作胜利斗争并达到我们今天所有的进步的力量之一。"又说:"语言是直接与思维联系的,它把人的思维活动的结果,认识活动的成果,用词及由词组成的句子记录下来,巩固起来,这样就使人类社会中思想交流成为可能的了。"这种"记录"极为重要,假使没有词和句子,人类思维活动的结果就无从继承下来。恩格斯说:"'物质'和'运动'这样的名词无非是简称,我们就用这种简称把许多种不同的可以从感觉上感知的事物依照其共同的属性把握住。"生产越发展,科学越进步,人类的抽象活动能力就越高,我们在进行思维的时候,并不需要对每一事物的属性都加以概括;由于文化的积累,概念都由词记录下来,像"物质"、"运动"等词,它们吸收并保存了人类数千年来所获得的知识。思维和语言的相互依存,由此得到很好的证明。

思维和语言是不可分割的,资产阶段唯心主义者不承认这个真理。杜林说:"谁要是只能通过语言来思维,那么他就不懂得什么是抽象的和纯粹的思维。"恩格斯批评他说:"如果这样,那么动物就是最抽象的、最纯粹的思维者,因为他们的思维永没有因语言的讨厌的干涉而弄得模糊。"反动的法国唯心主义哲学家柏格森认为,逻辑思维并不能帮助我们理解现实,同时以为思想和词是不相称的。有了词反而妨碍了思想的表达。

思维和语言是不可分割的,资产阶段唯心主义者不承认这个真理。

大家知道，马尔也是把思维和语言分割开来的。马尔认为：人们的交际，不用语言，而借助于完全摆脱语言的"自然物质"和完全摆脱"自然规范"的思维本身就可以办到。期大林说他陷入了唯心主义的泥坑。

在中国，分割思维和语言的唯心主义观点突出地表现在文字学上。汉字被认为是一种表意文字，这个名称容易令人产生一种错觉，以为汉字是直接表示概念的。有些文字学家在讲述文字时透露了这种观点，甚至明白表示了这种观点。汉字如果是直接表示概念的，那么人们的思想就不须通过语言来表达，同时也不须借助于语言来进行思维。实际情况并不是这样。汉字尽管不是拼音文字，他仍旧代表着语言中的词。它并没有脱离词的中介而去直接表示概念。文字是语言的符号，文字被称为"书面语言"，这个名称是非常恰当的。我们写文章的时候，所谓构思，实际上是正在进行"默语"；我们读书的时候，即使是"默读"，读的也正是有声语言中的词。书面语的出现，是人类文化上划时代的一个历史阶段，它助成了人类思维的发展。但它始终只是有声语言的代表，它不能直接表示概念。思维和语言的相互依存性仍然是不容否认的。

二

语言和思维是统一的，但是我们不能把它们等同起来。

语言和思维是统一的，但是我们不能把它们等同起来。资产阶级唯心主义者或者把两者割裂开来，或者是把两者等同起来。割裂和等同，都是错误的。

等同的结果有两种可能：或者是从逻辑出发，片面地强调人类

133

逻辑思维的共同性，宣传所谓"普遍语法"；或者从语言出发，片面强调民族语言的特点，硬说各民族的思维形式是互不相同的。

法国保尔—罗亚尔学派在1662年编写了一部《保尔—罗亚尔逻辑》（又名《思维的艺术》），接着在1664年又缩写了一部《普遍语法》（全名是《普遍的合理的语法》）。这两部书差不多同时出版，这不是偶然的。在保尔—罗亚尔学派看来，人类的逻辑思维既然是共同的，语法也应该是共同的，不合于人类的共同逻辑思维的也就是不合语法的。这种理论的影响很大。某些语法学家，即使不是直接受保尔—罗亚尔学派的影响，在唯心主义思想指导下，实际上也是这样看待语法的。马建忠在他的《马氏文通》后序里说："钧是人也，天皆赋以此心之所以能意，此意之所以能达之理；则常探讨画革旁行诸国语言之源流，若希腊若辣丁之文词而属比之，见其字别种而句司字，所以声其心而形其意者，皆有一定不易之律，而因以律夫吾经籍子史诸书，其大纲盖无不同。于是因所同以同夫所不同者，是则此编之所以成也。"马建忠看见了人类思维的共同性，这是正确的一面，但是由此推理出人类语法的普遍性，那就错了。世界各国不同民族的语言，它的语法虽有某些类似或共通之处，但是各有各的特点；特别是不同语系的语法，其间的差别更大。语言学家研究语言的种类越多，越证明了所谓"普遍语法"是不存在的。

每一民族语言有它自己的特点，这是事实。唯心主义语义学派却由此认为，各个民族之间，不但在语言形式上是有差别的，而且在思维形式上也是有差别的。这样，唯心主义语义学派在各民族间建立了围墙，似乎民族间的思想交流是不可能的。实际上，语言和语言之间，思想表达方式的不同，主要是语言的民族风格的问题，而不是思维形式本身有什么不同。

每一民族语言有它自己的特点，这是事实。

马克思主义认为：思维的形式和规律是世界各民族所共同的。不同的民族，只要正确地运用思维的形式和规律，它们就可以相互交流思想、翻译彼此的语言。马克思主义又认为：语言的形式和规律是富有民族特点的。斯大林说："共同的语言是民族的特征之一。"语言的民族特点是历史的产物。因此在不同源的语言之间，差别很大；在同源的语言之间，差别就小些；"近亲"的语言，差别就更小一些。同一语言，在不同的历史时期，也各自有其特点。这就是说，在民族特点的基础上还要加上历史特点。把不同民族、不同时期的语法归结为同一类型，这是缺乏历史主义观点的。总之，把思维和语言等同起来是错误的；把逻辑和语法等同起来也是错误的。

三

概念和词是密切联系着的，但是不能混为一谈。

概念和词是密切联系着的，但是不能混为一谈。

概念是由词记录下来的，巩固起来。正如离开了语言就没有思维一样，离开了词就没有概念。每一个概念都有一个词或词组跟它相当。

但是我们不能倒过来说，每一个词都由一个概念跟它相当。有些词并不代表概念。代表概念的词是能充当逻辑主语和逻辑谓语的词，即语法上所谓实词；不代表概念的词是不能充当逻辑主语和逻辑谓语的词，即语法上所谓虚词。虚词如介词、连词、叹词以及语气词等，它们是所谓语法成分。虚词的作用在于表示词与词的关系（介词），句与句的关系（连词），说话人对语句所表达的事情的态度

（语气词），甚至只表示感叹的声音（叹词），它们在句子中只起辅助作用，而不能独立地指称事物、性质和行为。从逻辑方面看，虚词是在判断和推理中才用得着的，它并不是一个概念。不过虚词在词汇中只占很少的数量，所以我们仍旧可以说，词一般是代表概念的。

概念和词的关系是相当复杂的。同一个词可以在不同的上下文表示不同的概念，这是所谓多义词，例如汉语中"伐木"的"伐"不同于"讨伐"的"伐"，"风雨"的"风"不同于"作风"的"风"。同一个概念也可以用不同的词来表示，这是所谓同义词，例如"肥皂"又叫"胰子"，"衣服"又叫"衣裳"。一个概念可以用一个词表示，也可以用一群词（词组）表示，例如"帝国主义"是一个词，"资本主义的最高和最后的阶段"是一个词组。词又可以带感情色彩，如褒义词、贬义词、爱称等。这些感情色彩是超出了概念的范围之外的。

概念的语言表现形式是随民族而不同的，每一种语言都具有自己的语音特点和语法特点。概念和词的根本区别就在这里，词通过概念反映客观现实，词义不可能是任意的。但是，具体语言中的每一个词，其所以采用这个语音形式而不是别的语音形式，从最初形成的情况说，则不可能不是任意的。唯心主义语义学派把语言和思维等同起来，由语言的任意性引出反动的结论，以为词义也是任意的，是人们从意识中臆造出来的，不能反映客观现实。这是为帝国主义服务的反动学说，是反科学的学科。但是，如果因为词义不是任意的，从而得出结论，以为语音也不是任意的，那又错了。解放前有一位江谦先生写了一部《说音》，企图证明语音和词义的关系不是任意的。他说："然外国语亦世界方言耳，以心理生理之同，而因声托意，不能无合同之点。此殆所谓自然者非耶？"这种观点是完全错误的。不过，语音语法的任意性也只是就其来源而论，至于词

> 概念的语言表现形式是随民族而不同的，每一种语言都具有自己的语音特点和语法特点。

的形式在语言中固定下来以后,它也就不再是任意的了。因此,词的语音特点和语法特点必须认为是民族的历史产物;各民族有自己的历史,也就有自己的语音特点和语法特点。

由于概念在民族间是共同的或相通的, 语言的翻译才成为可能;由于具体的词在民族间是采用不同的语音形式的,语言的翻译才成为必要。在翻译的问题上,概念和词的区别是非常明显的。

某些具体概念也有民族特点。主要是外延广狭的不同。某一概念在甲语言里是外延较狭的,译成乙语言可能是外延较广的。例如汉语的"兄",在俄语里是 стар ший брат ,在英语里是elder brother,在法语里是frère ainé;汉语的"弟",在俄语里是 младший брат,在英语里是younger brother,在法语里是frère cadet。在这一类词上,在汉语里只用一个词来表示;在俄语、英语、法语里须用两个词来表示。"兄"和"弟"的外延较狭,内涵较深, брат的外延较广,内涵较浅,所以不能一致。有时候甲语言里的几个概念,译成乙语言还只有现成的一个概念跟它们相当,粗译,这样对译也就算了;如果要求译得精确, 就不能不再加定语。例如汉语的 "稻"、"谷"、"米"、"饭",译成俄语、英语、法语都只有一个词跟它们相当(рис,rice,riz),如果要译得精确,只能把"稻"译成"连根的рис",把"谷"(南方人所谓"谷")译成"带壳的рис",把"米"译成"去壳的рис",把"饭"译成"煮熟的рис"。有时候,在甲语言里是两个独立的概念,在乙语言里只是一个概念。例如俄语里的крыса, мышъ , 英语的rat,mouse,法语的rat,souris,在汉语里只有一个"老鼠"跟它们相当。如果要区别开来,只好译成"大种的老鼠"和"小种的老鼠"。"兄"、"弟"和 брат的比较,"稻"、"谷"、"米"、"饭"和рис的比较,是外延广狭的问题;крыса, мышъ 和"老鼠"的比较,在说俄语、英语、法语的人看来，这是两个不同的概念，不是外延广狭的问题，但在说汉语的人看来，仍旧是外延广狭的问题。

在动词和形容词方面，如果拿不同语系的语言作比较，也都有一些概念交叉的现象。这里不讨论了。

某些具体概念的民族特点也是历史形成的。对于某些语言现象，可以从民族的社会特点或生产特点去追溯它们的原因。汉族宗法制度的特点之一是长幼有序，所以兄弟必须分别清楚。汉族的稻为主要谷物，所以有必要把种在地里的、收在仓里的、碾过的、煮熟的，一一区别开来。越南的社会特点和生产特点和汉族近似，所以在越南语里，兄弟区别为anh em，稻区别为lúa（稻，谷），gao（米），co'm（饭）。当然我们也要注意语系的关系。"兄弟"这个概念在印欧语里自始就是单一的，它的原始形式假定是bhrātor（梵语bhrātar），这就是说明了为什么在俄英法等语里不但概念一致，连语音也是有着对应规律的。

这一切都不妨害这样一个论断：概念在民族间是共同的或相通的。概念是反映客观现实的，不可能是随民族而异的。外延的广狭，内涵的深浅，以及概念的交叉，这些都是各民族语言独立发展的自然结果，不是本质的差别。

四

判断和句子的关系，也是互相联系而又互相区别的。

首先在逻辑在语法这两门科学所用的术语上，我们可以看得出判断和句子的密切关系。"命题"本是逻辑学的术语，在拉丁语是

判断和句子的关系，也是互相联系而又互相区别的。

propositio，原意是"摆在前面"、"摆在眼前"。英语保留proposition作为逻辑学的术语，专指判断的语言形式，即"命题"，而对于"句子"则称为sentence，这样就把逻辑学上的"命题"和语法学上的句子区别开了。但不是所有的语言都这样区别开的。法语除了用phrase来指称"句子"，之外，还用proposition来指称"分句"；至于法国人所谓独立的proposition，实际上就是独立的"句子"。俄语用предложение摹写了propositio，索性把"命题"和"句子"合而为一。"主语"在拉丁语是subjectum，原意是"摆在下面的东西"。"谓语"在拉丁语是prédieatum，原意是"说出来的东西"英语的subjeot，predicate法语的subjet，prédicat都是同时用作逻辑术语和语法术语的。俄语既继承了拉丁语，说成субъект，предикат，又摹写了拉丁语，说成подлежащее，сказуемое，这样正好成为两套，拿前一套作为逻辑术语，后一套作为语法术语。但是，在苏联的逻辑界，这两套术语也不是截然分开的。至于"系词"，无论英语、法语、俄语，都是兼用于逻辑和语法的，不过俄语在语法上用得更为常见罢了。①这些术语的通用，一方面说明了两门科学的历史瓜葛，另一方面也说明了判断和句子之间的确有它们的共同之点。

苏联的逻辑学教科书往往强调判断成分和句子成分之间的差别。这是由于俄语语法上所谓"谓语"与逻辑上所谓"谓语"的定义不完全符合，又有"逻辑主语"和"语法主语"的差别，所以这种辨别是重要的。在汉语里，这个问题是次要的。

依照一般逻辑教科书的说法，每一个判断都包括三个部分：主语、谓语和系词。例如："帝国主义是资本主义的最高和最后的阶段"，这是一个判断，其中的"帝国主义"是主语，"资本主义的最高和最后的阶段"是谓语，"是"是系词。在汉语里，系词一般是用"是"

字表示的。现在我们要问：是不是每一个判断和句子都必须包括主语、系词、谓语三个部分呢？换句话说，是不是一定要有系词呢？在判断和句子的关系上，这倒是一个重要的问题。

在历史上，许多逻辑学家把逻辑和语法混为一谈，他们认为，不但每一个判断应该包括这三个部分，而且每一个句子也应该包括这三个部分。他们把动词分为两类，一类叫做，"存在动词"，就是系词"是"字；另一类叫做"属性动词"，指的是一般动词。后者之所以被认为"属性动词"，是因为在这些逻辑学家看来，这种动词一方面表示主语的属性，一方面还隐藏着"是"字。例如"鸟飞"应该了解为"鸟是飞"，"马跑"应该了解为"马是跑"，"我爱"应该了解为"我是爱"，"你听"应该了解为"你是听"。这种解释是违反语言实际的。直到今天，还有人在讲逻辑的时候，以为在没有系词的句子里必须把系词补充起来，然后成为判断形式。例如"美国侵略古巴"应该了解为"美国是侵略古巴的国家"。这也是不符合语言实际的，这两句的涵义并不是完全相等的。

我们可以举出大量的语言事实来证明句子并不是必须有系词的，甚至在所谓"名句"（以名词或形容词作谓语的句子）中，也不一定用系词。在上古汉语里，"乡原，德之贼也"，这一类句子是典型的"名句"，其中并没有系词的。即以印欧语而论，印欧语正常的"名句"是不用系词的，梵语和古希腊语的"名句"一般都不用系词；直到今天的俄语，现在时的"是"字在口语里是不用的，尤其是第三人称复数现在时的 с утъ，在现代文学语言里早已不用，所以有的逻辑学家认为只能在判断的公式里用它，不能在举实例时用它。至于所谓"动句"，更是和系词风马牛不相及。我们说"美国侵略古巴"只是肯定了侵略这一件事实，并不需要把"侵略"认为隐含着系词，也不需要补充什么系词。

判断三分法是亚里士多德传下来的传统逻辑公式，其实现代逻辑学家也有使用二分法的，那就是像现代汉语语法书上所说的那样，把判断只分为主语和谓语两部分，如果有"是"字，也把它归到谓语里去，这样，判断的形式（命题）就和句子的形式一致起来了。

我个人认为，在判断的公式中放一个系词是完全合理的，只是不要把系词看得太死，不要在没有系词的实例中硬说它隐含着系词或省略了系词。系词的原意是在两个概念中间建立关系，是表示肯定这种关系（若加否定词是否定这种关系）。公式中放着这个系词，正是表示逻辑思维的形式，但若硬塞到具体句子里来就不对了。在这里，我们可以明显地看出判断和句子的联系和区别。

所有的判断都必须表现为句子的形式，这是肯定了的；思维不能离开语言而存在，判断也就不能离开句子而存在。现在我们倒过来问：是不是所有的句子都表示判断呢？这是一个比较复杂的问题。

逻辑所研究的是人类思维的形式和规律，它不关心表现情感和意志的语言形式。因此，纯粹的感叹句如"天哪！"祈使句如"来吧！""请你倒杯茶我喝！"都不构成判断。纯粹的疑问句如"他是谁？""今天星期几？""他是从什么地方来的？"也都不构成判断。感叹句、祈使句、疑问句之所以不构成判断，是因为这些句子所表达的无所谓真实和虚假。如果是无疑而问的反诘句或带有肯定意味或否定意味的感叹句，自然又当别论。这样一来，一般只有直陈句可以充当逻辑学上的命题。有些逻辑学家还认为，并不是所有的直陈句都表示判断，例如诗歌和小说中的形象描写，就很难说它是判断。由此

逻辑所研究的是人类思维的形式和规律，它不关心表现情感和意志的语言形式。

看来,判断和句子的区别还是相当大的。

判断没有民族特点,而句子则是有民族特点的。前面说过,就许多语言的实际情况来看,命题中的系词是可有可无的。甚至是没有的。逻辑学上所谓的命题在很大程度上取消了民族特点,使各民族语言多样化的句子成为同一的类型。"所有的S都是P","任何一个S都不是P","有些S是P","有些S不是P","S或者是P,或者是P_1","S或S_1是P"等等,其中有些命题在汉语口语中说出是相当别扭的。逻辑学上所谓命题一般都用现在时,语言的时的变化不能充分表现出来,又没有分词,没有被动式等等。语言的语法范畴和各种感情色彩都不是判断所关心的。这样就更加突出了判断和句子的区别。在概念和词的关系上,语音最富于民族特点,语法的民族特点不很多,甚至没有什么民族特点;在判断和句子的关系上,语法最富于民族特点,至于语音的民族特点,那不过是伴随着语法而来的(如语调等)罢了。

五

推理是和复句或句群相当的。不是任何句子摆在一起都能构成推理。推理要有联贯性。

在推理的问题上,思维形式和语言的统一性最大,但是也不能完全等同起来。就拿演绎推理来说。大家知道,在日常谈话中,甚至在正式文件中,用的常常是简略的推理,略去大前提,小前提,或者是略去结论。尤其是前两种情况最为常见。略去大前提的推理,常常是把结论放在前面,例如:"我们反对现代修正主义,因为现代修

推理是和复句或句群相当的。

正主义是为帝国主义服务的。"当然结论也可以放在后面，例如："现代修正主义是为帝国主义服务的，所以我们反对现代修正主义。"略去小前提的推理，例如："超额完成生产计划的人应该受到表扬，所以我们表扬他们。"至于略去结论的推理，在书面语言中是比较少见的，在日常谈话中则比较多见。例如："星期一上课，今天星期一。"

推理在语法中的表现也有一些民族特点。汉语里的按断句和申说句都是略去大前提的推理，它们不用连词"所以"和"因为"，而且词句也不完全合于逻辑公式。例如："你是党教育出来的孩子，党不能放开你不管。"这是汉语里的按断句，没有用"所以"。又如："兄弟去探狱，也被逮住了；兄弟也是共产党员。"这是汉语里的申说句，没有用"因为"。按断句和申说句又往往用反诘句来表示。例如："不是咱自个儿事情，管的那么宽了干吗？"又如："天黑了，还去干吗？"有些推理在口语里采用一种非常灵活的方式，不但不具备三段论法的形式，甚至判断的形式也不完全。例如："可不是吗？干就得像个干的样子，都是小伙子。"逻辑学家也许不承认这是推理，但这是人民群众的日常推理方式。逻辑推理和具体语言的区别，在这里又得到了证明。

六

最后，我想谈一谈逻辑思维的发展和语言的发展。

　　最后，我想谈一谈逻辑思维的发展和语言的发展。这个问题太大了，这里要谈的只限于逻辑思维的发展在语言中的反映。在这较狭小的范围内，也只能举若干实例作一些分析。

随着社会的发展、生产的发展、科学的发展，人类的逻辑思维是逐步向前发展的。语言的发展，在一定程度上也反映了逻辑思维的发展。但是我们不能把问题简单化了，有些语言事实的演变只能从它的内部发展规律去说明，或者从社会对语言的影响去说明，而不能认为是逻辑思维的发展在语言中的反映。

　　概念外延的广狭，常常反映了社会的需要，我们不能说，外延较狭的概念是高级思维，反映到语言里成为词汇丰富的语言。例如从前有人说英语能把胡子分为beard（下胡子）和moustache（上胡子），这就证明了英语的词汇丰富，表现力强，为汉语所不及。这种看法显然是错误的。胡子要不要区别为更细的概念，这完全是由于社会交际的需要。汉族男子在古代还没有剃胡子的风俗。古乐府《陌上桑》说："行者见罗敷，下担捋髭须"，可见这些挑着担子走路的男子都是有胡子的。胡子长得好，算是美男子的特点之一，所以《汉书》称汉高祖"美须髯"《三国志》也称关羽"美须髯"。胡子对古代汉族是那样重要，所以在语言表现为三种胡子：嘴唇上边的叫"髭"，下巴底下的叫"须"，两边的连腮胡子叫"髯"。到后代，中年以上才留胡子。至于现代，老年也不一定留胡子。因此，就没有必要分为三种胡子了。我们不能由此得出结论说，英语（以及其他西洋语言）比汉语更富于表现力，更不能说，古人的逻辑思维比现代更加高级。

　　系词的产生也丝毫不能证明逻辑思维的发展。先秦时代汉语有没有系词，这个问题虽然还有一些争论，但是，先秦的判断句（以名词为谓语的句子）一般不用系词，则是无可否认的事实。有人说，汉族到了春秋战国时代，思想已经很发达了，不应该还没有系词。也有人企图从汉语系词的从无到有的情况下去寻找思维发展的线索。事实上，汉语系词的从无到有，只是汉语按照内部发展规律而发展的结果，和逻辑思维的发展无关。否则很容易得出结论说有系词的语言是高级语言，没有系词的语言是低级语言。事实上我们要看语言的发展与否，应该以它能否表达丰富严密的思想为标准，而不应该以缺乏某种语言形式为标准。今天的俄语应该说是够丰富严密的了，但是它在"名句"的现在时是一般不用系词的。今天的汉语也应该说是够丰富严密的了，但是它只在判断句用了系词，而在描写句（以形容词为谓语的）则至今还是不用系词。一种语言是否有系词，决定于民族特点和历史特点；如果认为人类逻辑思维发展到了较高阶段就会有系词出现，那是不正确的。

但是，人类的逻辑思维终究是随着社会的发展而发展的，我们如果不承认这一点，那也是不对的。

大家知道，演绎推理有一个"所以"，这个"所以"在古代汉语里表现为"故"字。这种"故"字，并非经常表现着演绎推理的，特别是在先秦时代。《论语·季氏》有这样的一段："丘也闻有国有家者，不患寡而患不均，不患贫而患不安。盖均无贫，和无寡，安无倾。夫如是，故远人不服，则修文德以来之。既来之，则安之。"邢昺说："夫政教能均平和安如此，故远方之人有不服者，则当修文德，使远人慕其往化而来，远人既来，当以恩惠安存之。"由此看来，"均平和安"是被看做是"修文德"的前提的，而从演绎逻辑看，"均平和安"实际上不能成为"修文德"的前提。这种句子，意思是可以看懂的，但从形式逻辑的观点看，则是缺乏逻辑性的。汉代以后，特别是唐宋以后，这种情况渐渐减少了，人们的逻辑思维是逐渐发展了。

语言的概括性和连贯性的逐步增强，也是人们逻辑思维逐步趋于完善的重要标志之一。在汉语史上有许多例子足资证明。这篇文章只讲概念、判断、推理和语言之间的关系，所以关于语言的概括性和连贯性的问题就不再谈了。

注释：

① 这些术语在汉语的译名相当混乱。同是一个 predicte，在逻辑学上译为"宾词"，在语法学上译为"谓语"。在语法学上也有人译为"宾词"的，例如李立三同志在《马克思主义语言学问题》中把 сказуелмое 译为"宾词"。此外，无论在逻辑学上或语法学上也都有译成"述语"的。这种混乱现象必须改变过来。

由此看来，要学好写文章，首先要学好造句。古人的语文教育，要求人们写出通顺的文章。所谓"通顺"，指的是语言合乎语法，合乎逻辑，主要是用词造句的问题。而在造句的问题上，主要是用词不当的问题。什么叫做用词不当呢？就是把某一个词用在不合适的上下文里。为什么会用词不当？这是因为写文章的人不懂那个词的真正意义（如"水平"），或者是懂的（如"有效"、"闯出"），到下笔造句时却又忘了。

一

《新闻战线》编辑同志要我写一篇文章，谈谈写文章。我自己的文章写不好，这个题目我怎能谈得好呢？我推辞了几次都不行，只好硬着头皮谈几句。

文章是写下来的语言。

文章是写下来的语言。文章和语言都是用来表达思想的，我们不应该把文章和语言分割开来。现在许多写文章的人，从中学生到新闻记者、大学教授，拿起笔来写一篇文章的时候，心里想，我现在是写文章，跟说话不一样，要写得"文"一点，多加上一些辞藻，多加上一些政治名词，多绕一些弯子。这些人在小学高年级和初中的时候，文章本来是很通顺的，到了高中和大学，文章越来越不通了。毛病在于，他们错误地认为文章越"文"越好；他们不懂得，文章脱离了口语，脱离了人民大众的语言，决不能成为准确、鲜明、生动的文章。

文章又是有组织的语言。

文章又是有组织的语言。在这一点上，也可以说文章和口语不一样。我们平常说话的时候，往往是不假思索，想到哪里就说到哪里，有时候语言不连贯，甚至前后矛盾，句子也不合逻辑，不合语法。有的同志在小组或大会上发言,头头是道,娓娓动听,但是人家把他的话记录下来,发表出去,读者却又发现他的话毛病百出,缺乏逻辑性和科学性。因此,我们在写文章的时候就要好好地构思,在文章的条理以及逻辑性和科学性方面多多考虑。所以写文章要仔细推敲。我认为主要是要在逻辑性和科学性方面仔细推敲。

毛主席教导我们,写文章要有三性:准确性、鲜明性、生动性。我觉得,现在我们的报纸上的文章,鲜明性方面做得较好,准确性方面做得较差。所以我这里主要是谈谈准确性的问题。准确性有两个方面:一方面是内容的准确性,另一方面是表达形式的准确性。我这里主要是谈表达形式的准确性,也就是语言的逻辑性。不但逻辑推理要有逻辑性,我们造一个句子也需要有逻辑性。凡是不合事理的句子,也就是不合逻辑的句子。平常我们所谓主谓搭配不当、动宾搭配不当,形容词和名词搭配不当等等,严格地说,都不是语法问题,而是逻辑问题。例如《新闻战线》1979年第二期梁枫同志批评的"最好水平",是形容词和名词搭配不当,表面上是语法问题,实际上是逻辑问题。依汉语语法,形容词用作定语时,应该放在其所修饰的名词的前面,"最好水平"这个结构并未违反语法规则,因此也没有犯语法错误。但是,"最好水平"这个词组是违背事理的。"水平"的原义是水的平面,水的平面永远是平的,没有好坏之分,只有高低之分,因此说"最好水平"就是不合事理。这种例子真是举不胜举。有一天我听中央台的广播,讲到某人民公社所走的道路是"行之有效"的,我觉得很奇怪。我们平常只听说"有效方法"、"有效措施",没有听说过"有效道路"。第二天看报纸,已经改为"走上了正确的道路"。改得好!这样一改,就没有毛病了。又有一次,我在报上看见某公社"闯出了一条正确的道路"。正确的道路是客观存在的,不是任何人闯出来的。我们平常只说"闯出一条新路",不说"闯出一条正确的道路"。有时候,从标题起就出了语病。例如某日某报有一条新闻,标题是《舍身忘死救儿童》,讲的是一个中学生"舍身"救人的事迹。标题只七个字就有两个错误。第一,"舍身"通常指牺牲了性命;这个中学生救活了一个小女孩,他自己没有死,说他"舍身"是不合事实的。第二,"忘死"是什么意思呢? 如果说的是那个中学生忘记自己的死,而他自己并没有死,谈不上忘记自己的死。即使他死了,也不能说他"忘死",因为死人无知,没有忘不忘的问题。也许作者说,这里的"忘死"指的是"不想到自己会死"。那也不好。应该是置生死于度外,明知冒生命的危险,也要救人。有时候,过分夸大的语句也会出毛病。最近我看了一篇文稿,其中有一句话:"我们要为台湾归还祖国贡献一切力量。"我说:"你把一切力量都用于争取台湾归还祖国了,还有什么力量再贡献给四个现代化呢?"把"一切"二字删去了,就没有毛病了。有时候,不但是逻辑性问题,而且是科学性问题。例如冰心同志嘲笑的"月圆如镜,繁星满天",比不上曹操的"月明星稀"更合乎事实。皓月当空,三、四等以下的星星都被月光遮掩住了,我们还能看见繁星满天吗?

由此看来,要学好写文章,首先要学好造句。古人的语文教育,要求人们写出通顺的文章。所谓"通顺",指的是语言合乎语法,合乎逻辑,主要是用词造句的问题。而在造句的问题上,主要是用词不当的问题。什么叫做用词不当呢? 就是把某一个词用在不合适的上下文里。为什么会用词不当呢? 这是因为写文章的人不懂那个词的真正意义(如"水平"),或者是懂的(如"有效"、"闯出"),到下笔造句时却又忘了。韩愈说过:为文须略识字。拿今天的话来说,就是写文章要懂得语词的真正意义。韩愈是一代文豪,尚且说这样的话,可见识字的重要性。我老了,写文章还常常查字典、词典,生怕用词不当。识字是基本功,同志们不要轻视它。

为了写好文章,需要有好的语文修养。毛主席说:"语言这东西,不是随便可以学好的,非下苦功不可。"毛主席要求我们:第一,要向人民群众学习语言;第二,要从外国语言中吸收我们所需要的成份;第三,我们还要学习古人语言中有生命的东西。这个道理很重要,我在这里谈谈我的体会。

第一,要向人民群众学习语言。这一点非常重要。人民群众的语言,最鲜明,最生动,值得我们学习。为什么报纸上多数文章总是那么干巴巴的?就是因为作者喜欢掉书袋,堆砌辞藻,半文半白,离开人民群众的语言很远,失掉宣传的效果。这是走错了路。希望这些同志回过头来,好好地学习人民群众的语言。

第二,要从外国语言中吸收我们所需要的成份。毛主席说:"我们不是硬搬或滥用外国语言,是要吸收外国语言中的好东西,于我们适用的东西。因为中国原有语汇不够用,现在我们的语汇中就有很多是从外国吸收来的。……我们还要多多吸收外国的新鲜东西,不但要吸收他们的进步道理,而且要吸收他们的新鲜用语。"我们吸收外国的语汇,要提到社会主义现代化的高度来认识。今天,现代汉语的语汇中从外国吸收来的词语,比"五四"时代以前高出数十倍,如果我们要学得像,不走样,最好是学好外语。例如"水平"一词来自外语,我们看见英语Level只有高低之分,没有好坏之分,就不会再写出"最好水平"这样的话了。又如"词汇"一词来自英语的Vocabulary(即毛主席说的"语汇"),指的是一种语言里的全部的词(斯大林叫做"词的总和")。现在有人说:"某词典共收了两万个词汇。"那就错了。一部词典只有一个词汇,不能有几千或几万个词

第一,要向
人民群众学习
语言。

第二,要从
外国语言中吸
收我们所需要
的成份。

汇。我们只能说这部词典共收了两万个词，或两万个单词。我们应该把吸收外语而走了样的情况改变过来。

第三，我们还要学习古人语言中有生命的东西。

第三，我们还要学习古人语言中有生命的东西。这主要是指成语来说的。学习成语，可以丰富我们的词汇。许多成语都能起言简意赅的作用。这也和吸收外语一样，要学得像，不走样。有一次，我看见一张电影说明书上把"突如其来"写成了"突入其来"，这显然是因为作者不懂"突如"是什么意思。"突如"就是"突然"。作者不懂，所以写错了。我的意见是：最好少用自己不懂的成语；如果要用的话，请先查一查词典。

关于写文章，还有一个篇章结构的问题。这主要是逻辑推理的问题。要学习一些典范文，学会逻辑推理的本领，我的意见是：可以熟读马、恩、列、斯、毛的文章，注意篇章结构是如何严密，我们不但要学习马、恩、列、斯、毛的革命理论，同时也要学习他们的文章的逻辑推理。我建议大家读毛主席的《实践论》和马克思的《工资、价格和利润》。这两篇文章是逻辑推理的典范。当然还有其他的文章，这里不一一介绍了。

二

最近两年来，我和祖国各地许多青年同志通信。我每天收到三五封信，多到八九封。他们差不多每人头一句话都说："您料想不到一个陌生人给您写信吧？"其实我早就料到了。这些青年同志，多数是写信向我买书。他们不知道，写书的人是没有书出卖的！还有许多同志寄来他们所写的诗（有些是诗集），请我给他们改。我说："诗要有诗味，像如果有了诗味，用不着改了；如果没有诗味，我没法子替你把诗味放进去。何况我自己就不是诗人，怎能替你改诗？"有的同志写长篇研究论文要我介绍出版，那我就办不到了。我们应该信任出版社的编辑部，如果他们认为你的论文有价值，自然会给你发表的。有的同志多次寄论文来，我就无力应付了。有的同志要求我指导他们怎样读书写文章，接受他们做函授生，那我就爱莫能助了。我今年80岁了，学校里早已免除我的教学工作，我怎能接受函授生呢？

由于和青年同志通信多了，我发现有些同志还不大会写信。《语文学习》编辑部约我写文章，我写不出，忽然想起《谈谈写信》这个题目来。不知道编辑部肯不肯给我发表这篇短文。

首先从信封上的收信人姓名和寄信人姓名谈起。多数人在信封上写王力教授收，或王力先生收，都不错。我个人不大喜欢人家称我教授，因为文化大革命以来，教授这个名称已经臭了。在学校里，人家都叫我王先生，我听了比较舒服。有的人叫我一声王力同志，我就心里乐滋滋的。因为我们这些老知识分子很多心，以为人家不肯叫我同志，是因为我是资产阶级知识分子！有的同志在信封上写王力伯伯收，那是不合适的。因为信封上的收信人姓名是写给邮递员或送信人看的，邮递员和送信人不叫我王伯伯。外国也没有这个规矩，将来咱们和外国人通信，切不可以在信封上写Smith伯伯收或Jones伯伯收！有的同志在信封上干脆写王力收，那更不好！我回信说："你在信内称我做尊敬的王力教授，太客气了；你在信封上写王力收，又太不客气了。"这是礼貌问题。那位青年同志复信感谢我的指教。其实我不怪他，因为不少人是这样写信封的，甚至机关学校

首先从信封上的收信人姓名和寄信人姓名谈起。

154

给我来信也有这样写信封的。还有一些同志在信封上写"王力(教授)收",把"教授"二字放在括号内(或者把"教授"二字写得小些),我不懂这是什么意思。我认为也是没有礼貌的,似乎是说,你本来不配当教授,我不过注明一下,以便投递罢了。真令我啼笑皆非!我还听说许多青年人写信给父亲,在信封上写的是"父亲大人安启",写信给姐姐,在信封上写的是"姐姐收",那就更可笑了。

我认为中学语文课里应该教学生写信,首先教他们学会写信封。

有的同志给我写信用的是机关学校的信封,有的是某某革命委员会,有的是某某大学,等等。这也是不合适的。最好不用机关学校的信封;用了,也该加上自己的姓名(或单写一个姓亦可)。如果不加上自己的姓名,应该算是犯法的,因为你把私人的信当做公函发出了。前些日子我收到胡乔木同志一封信,他用的是中国社会科学院的信封,还加上胡乔木三个字。我们应该向胡乔木同志学习。

下面谈谈
写信的内容。

下面谈谈写信的内容。

写信总有一个目的。除了家信之外,一般总是对别人有所请求。你应该开门见山,把你的请求提出来,不必兜一个大圈子。我收到不少人的信,首先恭维我一番,然后用很长的篇幅叙述他怎样有志努力学习,要为四个现代化做出贡献,长达八九页信纸,最后才抱歉说:"我说了一大堆话,打搅了您,浪费您很多时间,请您寄给我们一部《古代汉语》!"这样不好。你既然知道抱歉,为什么不少说一些废话呢?

写信没有什么秘诀,顺其自然就是了。写信就是谈话。由于对话人相隔太远,没法子面谈。如果我们写信仍照日常说话一样,不装模作样，不改变现代汉语的语法和词汇，就不会出毛病。有的青年人写信不是这样，而是改变现代汉语，因此就弄出毛病来。

近来某些人的来信中常常出现"您们"这个词，甚至在某会议给中央领导的致敬电中也用"您们"这个词。其实现代汉语里这个词并不存在。"您"字，北京话念nín，是"你"的尊称。这个"您"并没有复数，北京人从来不说"您们"（nínmen）。因此，普通话也不应该有"您们"（可以说成"您两位""您三位"等）最近某杂志刊登吕叔湘先生的一封信，编辑部把信中的"你们"擅改为"您们"。吕先生写信批评了编辑部。他说："我从来不说'您们'！"我们写信时，应该注意避免这一个语法错误。

有的青年人写信喜欢堆砌辞藻。那也不好，写信应该朴实无华。唯有家人父子的谈话最能感动人，堆砌辞藻反而显得不亲切，不诚恳。何况青年人往往语文素养不够，堆砌辞藻往往用词不当，弄巧成拙。我们应该引以为戒。

最不好的作法是写文言信，或者写半文不白的信。有一位青年同志和我通信讨论学术问题，我觉得他很有一些好见解。他忽然给我写来一封文言信，写了许多不通句子，使我非常失望。另一位青年同志和我通信，想考我的研究生，也是忽然来了一封文言信，这封信的文言文写得很不错，但是我也不高兴。我复信说："如果你在试卷中写文言文，我就不录取你！"我们学习古代汉语是为了培养阅读古书的能力，不是为了学写文言文。我怀疑有的中学语文教师在教学生写文言文。那很不好。现代人应该说现代话，不应该说古代话。有一位青年人写了一封文理通顺的信给我，我正看得很高兴，忽然看到一句"吾误矣"，就给我一个坏印象。现代汉语明摆着一句"我错了"，为什么不用？偏要酸溜溜地说一句"吾误矣！"我恳切地希望中学语文教师注意纠正这种坏文风。

我在几年前听别人说过这么一个故事：一位青年干部写信给一位领导干部，最后一句是"敬祝首长千古"。我听了，笑弯了腰，我以为是人家编造出来的笑话。不料后来我自己也经历了一个类似的故事：一位青年同志在病床上给我写信，他在信中说："我在弥留时给你写这一封信。"我复信说："你在弥留，应该是快断气了，怎能写信呢？"

有时候，乱用文言词，会导致对方不高兴。有一次，我在某校做了一次演讲，事后收到那个学校的道谢信，信内说"承你来校做学术报告，颇为精采，特函道谢。"又有一次，一位中年同志写信给我说："您来信给我批评，使我颇受教益。"这两位同志都用了文言词语"颇"字，他们不知道，在古代汉语里，"颇"字一般用作"相当"的意思（广雅："颇，少也。""少"就是"稍"的意思）。"颇好"是"相当好"或"比较好"，"颇大"是"相当大"或"比较大"。现代北方话虽然把"颇"字当作"很"字讲了，但南方还有许多地方不把"颇"字当作"很"字讲。那么"颇为精彩"只是"相当精彩"，"颇受教益"只是"稍受教益"，包含有不大满意的意思，为什么不说"很精彩"、"很满意"呢？又有一次，一位青年同志写信给我说："希望你一定答复我的信，切切！"他不知道，"切切"是从前做官的人命令老百姓的话。在旧社会里，县太爷出告示，最后一句是"切切此令！"你瞧！写半文不白的信有什么好处呢？

今年5月，我写了一篇《白话文运动的意义》在《中国语文》上发表。福建有一位工人同志写信批评我说："你为什么反对学文言文？难道我们工农大众就不要提高文化水平吗？"这位同志是把文言文和文化混为一谈了。《毛泽东选集》五卷，除了一篇《向国民党的十点要求》外,都是白话文,而且是用浅显的语言阐述很高深的理论,我们学习毛主席的伟大著作,同时也要学习毛主席提倡白话文的精神。

最后,我还想谈谈写字。

我国有个优良传统:给别人写信,特别是给尊辈写信,必须每个字都写得端端正正,否则不够礼貌。有时写得匆忙,字写得不够规矩,还要在最后来一句:"草草不恭,敬希原宥。"现在有的青年人写信不是这样:他们笔走龙蛇,潦草得看不出是什么字来。说是草书吧?草书也是有章法的,或者是学的怀素,或者是学的米芾,或者是学的文徵明,都好认,惟有他们独创的草书不好认!这样,我们看信的人就苦了。结果是看信人看不下来,索性不看,吃亏还是写信人!还有一种字并不是草书,而是横行导致的毛病。我们知道,汉字多数是形声字,分为两部分,或者是左形右声,或是右形左声,也有一些会意字是分成两部分的。现在有些青年人在横写的时候,贪图写得快,常常把前后两个字连起来写,以致前一个字的右边和后一个字的左边结合在一起,字与字之间界限不清楚。于是"林木"变了"木林","明月"变了"日朋",等等,也就很难看懂。写信人省了一点时间,看信人要多花一点时间,岂不是得不偿失吗?

最后署名是一个大问题。许多青年人喜欢用草书签名,而他的草书又是自创的。别人看不懂。问题就严重了。叫我怎么写回信呢?我只好在信封上照描。说声对不起,信寄得到寄不到我不负责任!外国人签名也很潦草,但是他们的信是用打字机打印的,他们在签名的后面还用打字机再打出他的名字,清清楚楚,就没有问题了。我们没有打字机,签名潦草,谁知道你的高姓大名呢?关于通信地址,也应该写得清晰些,以免误投或无法投递。

我重复说一句,希望中学在语文课中教学生写信。这是最实际的问题,需要解决。因为学生毕业后无论做什么工作,总是需要经常和别人通信的啊。

学会写论文的方法,将来你写书也还是这个方法。掌握了方法,将来你写什么都可以。下边我想谈三方面的问题：1. 论文的选题；2. 论文的准备；3. 论文的撰写。

研究生的任务不单纯是接受知识，而且要进行科研工作。因此，研究生有个很重要的任务就是写论文。所谓写论文，就是把自己的科研成果记下来。研究生学习三年，第二年写一篇学年论文，第三年写一篇毕业论文。最好是写学年论文时就考虑毕业论文的题目，把学年论文作为毕业论文的一部分，作为毕业论文的基础。毕业论文就是在学年论文的基础上写得深入一些、细致一些。当然毕业论文也可以另立题目。不过，如果考虑好自己的方向，还是一致起来更好。我们对研究生写论文不能要求过高，不能要求你们在作研究生的时候写出一部大著作，我们不打算这样做，这样做不但不会有什么好效果，反而会有很不好的效果。我们现在要求研究生写论文，就是要他学会科学研究的方法，学会写论文的方法，将来你写书也还是这个方法。掌握了方法，将来你写什么都可以。下边我想谈三方面的问题：1. 论文的选题；2. 论文的准备；3. 论文的撰写。

首先谈第一个问题，论文的选题。

　　首先谈第一个问题，论文的选题。

　　论文的范围不宜太大，主要是因为时间不够，两年写一篇很大的论文,写不下来,就是勉强写下来了,也写不好。范围大了,你一定讲得不深入、不透彻。拿字数来说,学年论文在万字左右,毕业论文在两万字左右也就可以了。不要求写长文章,不但不要求,而且反对长篇大论。照我所知,在外国大学里,博士论文,一般也就相当汉字两万字左右,他们也是反对写大本的书。在这两万字当中,讨论问题要深入,深入了就是好文章。好到什么程度?就是要好到能作为中国语言学的好文章流传下来。这叫做小题目做大文章。最近一期的《中国语文》上,头一篇文章是周定一同志写的,题目叫《所字别义》。"所"字的一种意义,别人不注意,没有讲到,他从现代北方话一直追溯到宋代,甚至追溯到先秦,写得很深入。这种文章值得提倡,就是要写这种文章,大家知道,王引之写的《经传释词》是一本好书。他拿一个一个虚词来讲,每个虚词的解释独立出来都是一篇论文,有几个虚词讲得好到没有法子形容了。比如他讲"终"字,总计不到一千字,讲得很透彻,证据确凿。看了他的解释,我们不但知道了虚词"终"是什么意思,而且也学到了他的科学方法。所以说小题目可以写出大文章。

论文的内容,就汉语史来说,分三个方面,语音、语法、词汇。拿语音来说,也是应该选小题目,不宜选大题目。如果我们写一篇文章,叫做汉语语音的发展,那一定写不好,题目太大了。前两天我看见一篇文章,是加拿大一位汉学家写的,讲的是汉语唇音轻化的问题。这个题目够小的了,他写了有六七十页,写得很有内容,讲得很深入,就是要选小的问题,专谈一个问题,谈透了就是好。这两天也看了唐作藩同志的一篇文章,他从《正音捃言》这本小书中归纳出了16世纪的韵母系统,题目小,我们赞成。还看到杨耐思同志的一篇文章,叫做《近代汉语m尾的转化》。收m尾的转化为收n尾,如

論文的内容,就汉语史来说,分三个方面,语音、语法、词汇。

"甘"本来念[kam]，后来念[kan]，这是转化问题。他这篇文章就专谈m尾的转化问题，我看他也谈得很透。就是应该这样，应该写小题目，不要搞大题目，小题目反而能写出大文章，大题目倒容易写得很肤浅，没有价值。语法方面也是这样，比如高本汉有一篇文章，讲《左传》里"於""于"两个字的分别。《左传》里"於""于"两个字都有，它们的用法有什么区别呢？高本汉作了研究。我们也可以研究关系宾语，它不是直接宾语，又不通过介词。杨树达说是省略了一个"于"字，其实不是省略，本来就有这种语法，不用"于"字，直到《红楼梦》还有"雪下吟诗"的说法。《史记》中这种例子特别多，我们可以做一篇文章专谈《史记》中这种所谓省略"于"字的情况：在什么情况下用"于"字，在什么情况下不用"于"字。现在需要研究的问题很多，比如：汉语被动句的研究，代词的研究。在词汇方面也可以考虑连绵字的研究。连绵字的研究，前人搞了，但他们都研究得不好。这主要是因为他们缺乏音韵学知识，不从古音看连绵字，讲得不透，也不会讲透。另外，还有一个问题，这个问题大了一些，不过也可以考虑，这就是双音词的发展的问题。原来我们主要是单音词，后来双音词越来越多，怎么发展到现代那么多双音词？整个发展道路是怎样的？这很值得研究。不过这个题目是大了一点。

其次谈谈论文的性质。 其次谈谈论文的性质。有两种不同性质的论文，一种是解决汉语史中的某一个问题，另一种是提出问题，综合前人研究的结论。最近我看见一篇文章，一个日本人写的，他讲到中国音韵学家对上古声调的看法，到底先秦有几个声调，是段玉裁所谓上古没有去声呢？还是江有诰所谓上古实在有四声呢？还是王国维所谓上古有五声、黄侃所谓上古只有二声呢？他把各种说法都讲得很清楚，自己并没有提出一个结论。这样做我看也很好，把问题摆出来了，说明汉语史上有这么个问题，需要我们研究解决。这种文章也是可以做的。最近看见吕叔湘先生的一篇文章，他说，提出问题就是解决问题的头一步。你连问题都提不出来，怎么谈得上解决呢？首先要注意到，还有哪些问题没有解决，前人有什么说法，哪一家的说法合理些。我们要善于发现问题，提出问题。有些人念很多书，什么问题也没有，那就不好了，等于白念了。

其次谈第二个问题，论文的准备。

所谓准备，主要就是充分占有材料。一个小小的题目，我们就要占有很多的材料，往往是几十万字，要做几千几万张卡片。刚才我说的加拿大那位教授的轻唇化的文章，后边列的参考文章有好几十篇。这是一方面，占有材料，参考人家的看法。再一方面，更重要的，如《所字别义》，把具有人家没有讲到的那种意义的"所"字能找到的都找出来，随时留意，做出札记或卡片。你别看写出来文章只有一万字，几千字，收集的材料却是几十万字。这叫做充分占有材料，材料越多越好。材料不够就写不出好文章，只能放弃，等将来材料够了再写。所以作研究生时，最好考虑选一个内容比较单一，不需要找多方面材料的题目。比如选《世说新语》中的某一种语法结构或某一个虚词来研究，只就这一本书研究，别的材料可以不管，这样题目就小了，也可以讲出一些道理来。当然如果能找到同时代的别的书的材料或其他材料做旁证，就更好了。最近我写了一篇《朱熹反切考》，材料只限于朱熹的《诗集传》和《楚辞集注》中的反切，不需要查很多的材料，这样范围就小了。我们可以做这样一篇文章，专讲唐诗里边的实词的用法。现在虚词人们研究得很多了，实词倒很少有人写，我看很值得研究。比如"初"字，在散文中从来就不当"时候"讲，唐诗里常常当"时候"讲。再如"平"字，王维诗

其次谈第二个问题，论文的准备。

有"千里暮云平"，李商隐诗有"故园芜已平"，"平"字在唐诗里是什么意思就大有文章可做了。还有一个最基本的也是很重要的准备，就是要具备这一方面的知识，比如要做朱熹反切考，无非是论证朱熹的反切跟广韵的反切有什么不同。这就得先熟悉广韵的反切，如果没有广韵音系的基础知识，这个文章就做不下来。

最后谈第三个问题，论文的撰写。

最后谈第三个问题，论文的撰写。

撰写论文，最重要的一点，就是要运用逻辑思维。如果没有科学头脑，就写不出科学论文。所谓科学头脑，也就是逻辑的头脑。我常常说，科研有两个条件，一个条件是时间，一个条件是分析能力。没有时间就没法充分占有材料。要有分析能力就要有科学的头脑，逻辑的头脑。我们知道，逻辑上讲两种科学方法，一个是演绎，一个是归纳。所谓演绎，就是从一般到特殊；所谓归纳，就是从特殊到一般。我们搞科研，要先用归纳，再用演绎，不能反过来，一反过来就坏了。比如逻辑上的三段论法，大前提、小前提、结论。"凡人皆有死，你是人，你也有死。"这是演绎法，从大前提推出结论。结论对不对，关键在于大前提对不对，主要是"凡"字。"凡"是归纳出来的，我们做研究工作，就是要研究这个"凡"。怎么研究呢？就要从大量具体的材料中去归纳，从个别到一般，结论是在归纳的末尾，而不是在它的开头。所谓分析，是要以归纳为基础的，如果没有归纳就作分析，那么结论常常是错误的。凡是先立结论，然后去找例证，往往都靠不住。因为你往往是主观的，找一些为你所用的例证，不为你所用就不要，那自然就错了。归纳的重要也就证明充分占有材料的重要。因为归纳是从个别到一般，个别的东西越多，越能证明你的结论是可靠的。也会有例外，例外少倒不怕，多了就不行了。例外多了，你的结论就得推翻。

>>>

清代王念孙、王
引之父子,可以
说是掌握了归
纳的方法,尽管
当时没有归纳
的说法。图为王
念孙、王引之父
子像。

还有一点，有些东西，要有旁证，用与它有联系的东西来证明。

还有一点，有些东西，要有旁证，用与它有联系的东西来证明。比如刚才说的，凡人皆有死"，这是不完全的归纳，为什么也站得住？就因为有旁证。医学里人体结构就证明人不可能永远不死。真正掌握归纳的方法，不那么容易，但我们要尽可能的运用归纳的方法做科研工作。清代王念孙、王引之父子，可以说是掌握了归纳的方法，尽管当时没有归纳的说法。他们的一个很好的方法，就是用同一本书中的例子来证明古人对某一个问题解释的错误。比如《经传释词》中"终（众）"字，王引之讲"终"是"既"的意思。前人讲《诗经》中的"终"字，很多都讲错了。《邶风·终风》的"终风且暴"，韩诗说："终风，西风也。"王引之认为这个讲错了，是缘词生训，现在我们叫望文生义。从这句话看，"终风"解释为"西风"是讲得通了，但别的地方"终"都没有这个意思，所以你这一个地方讲通了也不能算数。王引之在《诗经》中找到大量例证来证明"终"当"既"讲，如《邶风·燕燕》的"终温且惠"，《北门》的"终窭且贫"，《小雅·伐木》的"终和且平"，《甫田》的"终普且有"，等等，这些地方都是"终"和"且"对称，结构相同。你说"终"是"西"的意思，"终风"是"西风"，那这些例子怎么解释呢？还有一个例子，《鄘风·载驰》的"众稺且狂"，"众"也是"终"、"既"的意思，但毛传不知道，讲成"众人都幼稺又狂妄"，大错了。"稺"是骄傲的意思，这句的意思是"既骄傲又狂妄"。这叫做拿本书来证本书。王引之用大量《诗经》中"终"和"且"对称的例证来证明，"凡"这样的"字"都作"既"讲。我们做科研工作，就要达到一个"凡"。

我们进行归纳，不会是一帆风顺的，往往遭遇一些例外，怎样看待例外，也要进行科学分析。例外太多，结论就得推翻，例外少，就要分析为什么会有例外。例如，先秦古韵，段玉裁分为十七部，王念孙、江有诰分成二十一部，我分成二十九部、三十部，分得越多，例外就越多一点。你要毫无例外，恐怕就要回到苗夔的七部去。段玉裁讲合韵，不同部的字可以在一起押韵，但分部还是要分开。这里就有个主观问题，所以还要有旁证，上回说的语音的系统性就是一个旁证。还有个例子，比如去声，段玉裁说古无去声，江有诰说古有四声，到底有没有呢？我看是有的。到汉代有没有去声产生呢？如果你认为汉代去声没有产生，可它有单用去声押韵的；如果你认为汉代已经产生了去声，那么去声与入声一起押韵的很多。这就要做些科学分析。所以我们说，归纳不是一帆风顺的，要经过很好的思索，找些旁证来讲明。

跟归纳相反，就是所谓孤证，只有一个例子来证明，完全没有归纳，它跟科学方法是违背的。前些日子看一些字典的稿子，这里就很有一些孤证的问题。"信"字，它讲做"媒人"，举的例子是《孔雀东南飞》的"自可断来信"。这个地方讲成"媒人"也可以讲得通，问题在于是一个孤证。古书中"信"都不做"媒人"讲，而讲到"媒人"的时候，也没有用"信"字的，为什么单单这一个地方做"媒人"讲？这就是孤证，孤证是不科学的。余冠英就讲得很好。他说，"信"有使者的意思。这里指的是"媒人"。"信"字本身不能解释为"媒人"。《诗经·伐檀》中"三百廛"的"廛"，"三百亿"的"亿"，"三百囷"的"囷"，本来很好懂，"廛"表示房子，"囷"是谷仓，"亿"就是现在亿万的亿。可俞樾把这三个字都讲成用绳子捆，这完全不行，是孤证。任何书中的"廛"字都不当捆起来讲，任何书中的"亿"字也不当捆起来讲，任何书中的"囷"字也不当捆起来讲，只有《诗经·伐檀》这么讲，那么诗人吟出诗来，谁懂呵！你想得倒巧，怎么三个字都写了白字了？这样讲是不行的。

再者,搞研究工作最忌的是先有结论,然后找例证,这是很有害的。

再者,搞研究工作最忌的是先有结论,然后找例证,这是很有害的。举例说,江有诰先认为上古没有四声,这是错的,后来说实在是有的,走到另一个极端,就更错了。他认为跟去声押韵的字就是去声而不是入声。不能这样看,从逻辑上讲不通。幸亏先秦韵文少一点,如果多,还可以造出更多的去声来,因为你先定了先秦有去声,这个字本来不念去声,你说现在它念了。很多字都有平上入三声,它碰上这个念这个,碰上那个念那个,这跟古无四声还有什么区别?你一个字念几个调,还不是等于没有?还有一个例子,更典型了,这就是黄侃的古本韵、古本纽的说法。他先主观下个结论,古代一定有个本韵,跟本纽相当。一定是古本韵中有古本纽,古本纽只能出现在古本韵。对例外,他就想法解释了,比如东韵。他说,东韵分两类(其实就是一类是一等字,一类是三等字),头一类算数,后一类不算数。别的韵能证明他的理论了,他就不用这个方法了。这个地方碰壁了,没办法了,就说分两类。还有相反的情况,他分明知道觉部应该有,可是他找不出古本韵来了,只好不要了。这牵涉到整个逻辑思维问题。为什么说它是古本韵,因为它里边只有古本纽;为什么说它是古本纽,因为它只出现在古本韵。林语堂批评他是乞贷论证,现在叫循环论证。其实用另外一种分析方法就对了,有些声母只能用于二三等,有些声母是一二三四等都能用。一等字四等字就没有二三等字那些声母,这跟所谓古本韵无关。胡适那套"大胆假设,细心求证"行不行?"大胆假设"跟先有结论有没有区别?这要看你怎么假设,如果你已经从古书看到了某种端倪,迹象,是可以假设的。王引之首先看到"终风"讲成"西风"不妥,又发现"终"跟"且"对应的地方很多,所以他说:"僖二十四年《左传》注曰:'终,犹'已'也。'已止之已曰终,因而已然之已亦曰终。故曰词之既也。"他又找到很多例证，来说明"终"当"既"讲。我们可以说王引之也曾做过假设，而这个假设是没有错误的。如果像黄侃的古本韵、古本纽那样假设，就不行了，这种假设是很坏的假设。大胆假设问题不在于假设，而在于大胆。大胆到某种程度，就变成主观臆测了，跟科学的假设风马牛不相及。胡适说，《红楼梦》就是曹雪芹的自传。这种假设真是太大胆了。主观的大胆，当然就不科学了。胡适的"大胆假设，细心求证"，问题在于大胆，不应该提大胆，科学的解释就是假设，假设是可以的，大胆是不可以的。细心求证是完全对的。所谓细心求证，应该是充分掌握材料，然后细心地推出结论。但胡适本人就没有做到，他的《入声考》就没有细心求证，讲得很不好。总之，掌握科学方法就是归纳，先归纳，后演绎，先归纳后分析，没有归纳就没有分析。

第二点，写起论文来，要层次分明。先说什么，后说什么，这很重要。《文心雕龙》有一篇文章叫"附会"，就是讲篇章结构，讲层次。这一点跟逻辑很有关系，有了科学头脑，文章就能层次分明。最近，我听说有人给我个评语，说我会搭架子，其实就是个逻辑问题。你写文章是给读者看的，不要先把结论大讲一通，人家还不懂你的结论。你应该按照你研究的过程来引导读者的思路，你怎么研究的，就怎么写，从头讲起，引导读者逐渐深入，逐渐到你的结论上来。至于什么地方多讲，什么地方少讲，要看读者对象。如果写教科书式的文章，给青年学生看，要写得很浅，很多知识都要讲清楚。这是普及性的文章，大学教材也是普及性的。要是写科学论文给同行看，给本行的人看，就要假定读者在这一方面已经很懂，因此就得写得简单，单刀直入。最近看一些朋友、青年寄给我的文章，我感到往往有这样的毛病，讲了很多不必要讲的话，内行人根

第二点，写起论文来，要层次分明。

本就不看你这种文章。所以,写科学论文,一般的地方要很扼要的讲。相反,在你发明的地方,在你如何得出这个结论的地方,要讲得很详细,要讲透。不详细,就不能深入,没有价值,也说不服人家。

　　同学们希望我讲一次课，谈谈怎样读书。今天我就来讲一讲，分三部分讲，第一部分论读书，泛泛地讲关于读书的一些问题；第二部分讲怎么读《说文段注》；第三部分讲怎样读《马氏文通》。

我们指定研究生要读两本书，一本是《说文段注》一本是《马氏文通》。同学们希望我讲一次课，谈谈怎样读书。今天我就来讲一讲，分三部分讲，第一部分论读书，泛泛地讲关于读书的一些问题；第二部分讲怎么读《说文段注》；第三部分讲怎样读《马氏文通》。

先讲第一部分，论读书。

首先谈读什么书。

首先谈读什么书。

中国的书是很多的，光古书也浩如烟海，一辈子也读不完，所以读书要有选择。清末张之洞写了一本书叫《书目答问》，是为他的学生写的，他的学生等于我们现在的研究生。他说写这本书有三个目的，第一个目的是给这些学生指出一个门径，从何入手；第二个目的是要他们能选择良莠，即好不好，好的书才念，不好的书不念；第三个目的是分门别类，再加些注解，以帮助学生念书。从《书目答问》看，读书就有个选择的问题，好书才读，不好的就不用读。他开的书单子是很长的，我们今天要求大家把他提到的书都读过也不可能。今天读书恐怕要比《书目答问》提出的书少得多，我们没那么多时间，因此，选择书很重要。到底读什么不读什么？拿汉语史来说,所有有关汉语史的书都读,那也够多了,也不可能。而且如果是一本坏书,或者是没有用处的书,那就是浪费时间,不只是浪费时间,有时还接受些错误的东西,所以选择书很重要,如对搞汉语史的来说,倘若一本书是专门研究六书的,或者专门研究什么叫转注的,像这样的书就不必读,因为对研究汉语史没什么帮助。读书要有选择,这是第一点,可以叫去粗取精。

第二点叫由博返约。对于由博返约,现在大家不很注意,所以要讲一讲。我们研究一门学问,不能说限定在那一门学问里的书我才念,别的书我不念。你如果不读别的书,只陷于你搞的那一门的书里边,这是很不足取的,一定念不好,因为你的知识面太窄了,碰到别的问题你就不懂了。过去有个坏习惯,研究生只是选个题目,这题目也相当尖,但只写论文了,别的书都没念,将来做学问就有很大的局限性,如果将来做老师,那就更不好了。作为汉语史的研究生除了关于汉语史的一些书要读,还有很多别的书也要读,首先是历史,其次是文学,多啦,还是应该从博到专,即所谓由博返约。

第二点叫由博返约。

第三点,要厚今薄古。这是什么意思呢?这是因为从前人的书,如果有好的,现代人已经研究,并加以总结加以发挥了。我们念今人的书,古人的书也包括在里边了。如果这书质量不高,没什么价值,那就大可不念。《书目答问》就曾提到过这一点,他说他选的大多是清朝的书,有些古书,也是清朝人整理并加注解的,比如经书,十三经,也是经清朝人整理并加注解的。从前,好的书,经清朝人整理就行了,不好的书,清朝人就不管它了。他的意思,也就是我刚才说的那个意思。他的话可适用于现在,并不需要把很多古书都读完,那也做不到。

第三点,要厚今薄古。

其次谈怎样读书。

首先应读
书的序例,序文
和凡例。

首先应读书的序例,序文和凡例。过去我们有个坏习惯,以为
看正文就行了,序例可以不看。其实序例里有很多好东西。序例常
常讲到写书的纲领、目的,替别人作序的,还讲书的优点。凡例是作
者认为应该注意的地方。这些都很好,而我们常常忽略。《说文》的
序是在最后的,我建议你们念《说文段注》把序提到前面来念。《说
文序》,段玉裁也加了注,更应该念。《说文段注》有王念孙的序,很
重要。主要讲《说文段注》之所以写得好,是因为他讲究音韵,掌握
了古音,能从音到义。王念孙的序把段注整部书的优点都讲了。再
如《马氏文通》序和凡例也是很好的东西,序里边有句话,“会集众
字以成文,其道终不变。”意思是说许多单词集合起来就成文章了,
它的道理永远不变。他上面讲到了字形常有变化,字音也常有变
化,只有语法自始至终是一样的。当然他这话并不全面,语法也会
有变化的,但他讲了一个道理,即语法的稳定性。我们的语法自古
至今变化不大,比起语音的变化差得远,语法有它的稳定性。另外,
序里还有一句话,“字之部分类别,与夫字与字相配成句之义。”这
句意思是说研究语法,首先要分词类,然后是这些词跟词怎么搭配
成为句子。语法就是讲这个东西,这句话把语法的定义下了,这定
义至少对汉语是适用的。《马氏文通》的凡例更重要。里边说,《孟
子》有两句话,“亲之欲其贵也,爱之欲其富也。”“之”是“他”的意
思,“其”也是“他”的意思。为什么不能互换呢?又如,《论语》里有两
句话,“爱之能勿劳乎?忠焉能勿诲乎?”两句格式很相像,为什么一
句用“之”,一句用“焉”?《论语》里有两句话,“俎豆之事,则尝闻之
矣;军旅之事,则未之学也。”这两句话也差不多,为什么一句用
“矣”,一句用“也”呢?这你就非懂语法不可。不懂,这句话就不能解
释。从前人念书,都不懂这些,谁也不知道提出这个问题来,更不知

怎么解答了。这些问题从语法上很好解释，根据马氏的说法，参照我的意见，可以这样解释，"亲之欲其贵也……"为什么"之"、"其"不能互换，因为"之"只能用作宾语，"其"相反，不能用作宾语。"之"、"其"的任务是区别开的，所以不能互换。"爱之能勿劳乎？忠焉能勿诲乎？"为什么"爱之"用"之"，"忠焉"用"焉"？因为"爱"是及物动词，"忠"是不及物动词，"爱"及物，用"之"，"之"是直接宾语；"忠"不及物，只能用"焉"，因为"焉"是间接宾语。再有，"俎豆之事，则尝闻之矣；军旅之事，则未之学也。""矣"是表示既成事实，事情已完成；"未之学也"，是说这事没完成，没这事，所以不能用"矣"，只能用"也"。凡没完成的事，只能用"也"，不能用"矣"。从语法讲，很清楚。不懂语法，古汉语无从解释。他这样一个凡例有什么好处呢？说明了人们为什么要学语法，他为什么要写一本语法书。不单是《说文段注》和《马氏文通》这两部书，别的书也一样，看书必须十分注意序文和凡例。

　　其次，要摘要作笔记。读书要不要写笔记？应该要的。现在人们喜欢在书的旁边圈点，表示重要。这个好，但是还不够，最好把重要的地方抄下来。这有什么好处呢？张之洞《书目答问》中有一句话很重要，他说，"读书不知要领，劳而无功。"一本书，什么地方重要，什么地方不重要，你看不出来，那就劳而无功，你白念了。现在有些人念书能把有用的东西吸收进去，有的人并没有吸收进去，看了就看了，都忘了。为什么？因为他就知道看，不知道什么地方是好的，什么地方是最重要的，精彩的，即张之洞所谓的要领，他不知道，这个书就白念了。有些人就知道死记硬背，背得很多，背下来有没有用处呢？也还是没有用处。这叫劳而无功。有些人并不死记硬背，有些地方甚至马马虎虎就看过去了，但念到重要的地方他就一点

其次，要摘要作笔记。

不放过,把它记下来。所以读书要摘要作笔记。

第三点,应
考虑试着作眉
批,在书的天头
上加自己的评
论。

第三点,应考虑试着作眉批,在书的天头上加自己的评论。看一本书如果自己一点意见都没有,可以说你没有好好看,你好好看的时候,总会有些意见的。所以最好在书眉,又叫天头,即书上边空的地方作些眉批。试试看,我觉得这本书什么地方好,什么地方不合适,都可以加上评论。昨天我看从前我念过的那本《马氏文通》,看到上边都写有眉批,那时我才26岁,也是在清华当研究生。我在某一点不同意书上的意见,有我自己的看法,就都写在上边了。今天拿来看,拿50年前批的来看,有些批的是对的,有些批错了,但没关系,因为这经过了你自己的考虑,批人家,你自己就得用一番心思,这样,对那本书的印象就特别深。自己做眉批,可以帮你读书,帮你把书的内容吸收进去。现在我们自己买不到书,也可用另外的办法,把记笔记和书评结合在一起,把书评写在笔记里边,这样很方便。笔记本一方面把重要的记下来,另一方面,某些地方我不同意书里的讲法,不管是《马氏文通》还是《说文段注》,我不同意他的,可表示我的意思,把笔记眉批并为一个东西。

另外,要写
读书报告。

另外,要写读书报告。希望你们念完指定的两本书后写个读书报告。如果你作了笔记,又作了眉批以后,读书报告就很好写了。最近看了一篇文章,一篇很好的读书报告,就是赵振铎的《读〈广雅疏证〉》,可以向他学习。《广雅疏证》没有凡例,他给它定了凡例,《疏证》是怎么写的,有什么优点,他都讲到了。像这样写个读书报告就很好,好的读书报告简直就是一篇好的学术论文。

下面讲第
二部分,论读
《说文段注》。

下面讲第二部分,论读《说文段注》。

为什么要选《说文段注》给大家读呢?为什么不单读《说文解字》?因为《说文》太简单了,而且不容易读懂,经段玉裁一注解就好懂了。《说文段注》我们一向认为是很好的著作,念《说文》必须同时念《段注》。清代语言学者最有名的是段、王,二人是好朋友,段写《说文注》,王写《广雅疏证》,都是很好的书,把古书加以注解、发挥,所以我们读《说文解字》同时要读段注。下边讲几点应注意的地方:

第一点,注意段所讲的《说文》凡例。许慎自己没定凡例,那时也不兴写凡例。段在注里边给他讲凡例。比方说,《说文》头一个字是"一",段说"一"在六书中属指事,"弌"是古文,他就解释什么叫古文。"元"字下说"从一兀声",这是形声字。"天"字下说"天,颠也",段说是转注,说转注不大妥当。不过他下边解释很多转注,如"元,始也。""考,老也。"可以互相转注。但是"天,颠也",不能倒过来说"颠,天也",什么道理呢?"考,老"今天说起来是形容词,讲抽象东西,不那么具体,所以能转注,但"天,颠"就不同了,它们是两样具体的东西,不能转注。段常在头一卷的注解中讲凡例,如"丕"字下。还在《说文》序的注解中也讲了不少凡例,这些都需要特别注意。在这一点上,可以说是他在读懂了《说文》以后教别人怎样读。

第一点,注意段所讲的《说文》凡例。

第二点,要注意段的发明。段写《说文注》不单是许慎功臣,替许书作注,而是有自己的创造,也就是说,不单是帮助你读懂《说文》,而且有很多好东西超过《说文》本身。他的发明很多,讲四点:

第二点,要注意段的发明。

(一)最大的优点是"因音求义",也叫"以音求义",从声音求意义。王念孙在《广雅疏证》序文里说:"窃以诂训之旨,本于声音。故有声同字异、声近义同,虽或类聚群分,实亦同条共贯。"底下还有一段,"今则就古音以求古义,引申触类,不限形体。"王念孙是这样做的,段玉裁也是这样做的。他的伟大成就就在他这几句话。可以说,清人研究语言文字成功也就成功在这儿。从声音求意义,不是

(一)最大的优点是"因音求义",也叫"以音求义",从声音求意义。

光从形体来看。《说文解字》一向被人认为是讲字形的书，段玉裁也说，《说文》，"形书也"。因此，研究《说文》的人常常为字形所束缚，同形的他懂，换一个写法他就不懂了。段是从声音来求，不同字形，他也说二字实在是一个字，至少是同来源的字。"引申触类，不限形体"，整个语言文字的研究都应依据这个原则，因为并不是先有文字后有语言，而是先有语言，后有文字，语言是根本的东西，而文字是随人写的，抓到语音就抓到了根本。《说文段注》最大的优点就在这里。

（二）他讲了些同源字，这是跟第一点因音求义有关的。比如在"辨"字下讲，"古辨判别三字义同也"。怎么知道这三个字意思一样呢？他看到《周礼》有的把辨写成判、别。因为三字意思一样，同一来源。为什么同源？声音相同。大家知道，我写了一部《同源字典》，本来段玉裁很会写同源字典的，不过，段那时还主要是研究文字，因为念古书特别是经书主要要看字是什么意思，所以，他重视声音，还不是从语言来研究，如果从语言来研究，同源字典他是会写得很好的。

（三）段对假借的解释很好。六书中最难懂的是转注、假借，段说的转注恐怕是不大好的。转注怎么讲合适，可以不管它。跟大家讲过了，弄清楚什么是转注对汉语史研究毫无帮助。对假借他有个很好的解释，《说文序》中讲到假借，"本无其字，依声托事，令长是也。"说文这个定义非常好，本来没有这个字，依声记事，借别的字来表示。定义非常准。底下例子举得很不好，他说，"令"本是"命令"的"令"，后用作"县令"的"令"，"长"本是"长辈"的"长"，后用作"县长"的"长"。这样，意义上还是有关联的，不应叫假借，意义上没什么关系的才是假借，所以后来朱骏声把"令长是也"移到转注去了，

183

他说的转注就是我们今天说的引申。

许氏说"本无其字"很重要，朱骏声把这个也改了，这就错了，他说"本无其义，依声托字"，朱这样说就规定了凡假借都必有一个本字。朱的《说文通训定声》最大的毛病就在这儿。段讲假借讲得很好，他说"假借有三变"，也就是三个阶段。开始所谓假借，就是本无其字，借一个同音字，他举了"难""易"为例，"难"本来是鸟名，"易"本是"蜥蜴"，借为"困难"的"难"，"容易"的"易"，古人没有特别为"困难"的"难"，"容易"的"易"造字，这是最初的假借，叫"本无其字"。他说这是第一个阶段。第二阶段是有了本字，但还借用另外的字，就像我们写白字，别字。本有这个正字，但还要写个同音字，结果就是本有其字，还要假借。到第三个阶段，假借的不对。古人没有这个假借，就是写错了字，这也像我们今天写别字。但段认为这是第三个阶段。其实二三阶段可并为一个，但段玉裁认为古人假借就是对的，后人假借就是错的，所以他把这个阶段分为两个阶段，总共成三个阶段了。这三个阶段最重要的是他讲的前两个阶段。有很多假借字本无其字，到后来也没给他造个正字。这个很重要，我们要研究通假、同源字，都很有用。

（四）段有历史观点，注意到这一点对我们研究汉语史很重要。可惜他讲的不多，但是他讲的这一点就足可以启发我们了。这个字在什么时代有什么意义，什么时代才产生这个意义，他讲到了，比如"履"，又叫"屦"，他说先秦二字有别。"履"，动词，走路；"屦"，名词，鞋。（他没说动词、名词，这是我说的。）二者完全不同。《诗经》有"纠纠葛屦可以履霜"，不能说"葛履屦霜"。段玉裁说汉代以后才混同起来。现在查一查，到战国时代，"履"可以当鞋讲了。但段玉裁着重念的是经书，他的话也没什么错。可见，他注意了词义的时代性。

（四）段有历史观点，注意到这一点对我们研究汉语史很重要。

再举一个例子,"仅"字表示"只有",唐人文章甚言多,我们现在极言少,杜甫诗有"山城仅百层",百层已很高,"仅"表示达到那么高。例子还有很多,如韩愈的《张中丞传后序》,有"士卒仅万人",意思是说张巡认识很多士卒,而且能叫出名字来,这些士卒多到一万人。能叫出一万名士卒的名字,可见是够多了。"仅"用今天的意思去解释就不对了,"仅仅一万人",完全不是这个意思。还有白居易的《燕子楼诗序》,与燕子楼主人分别"仅一纪",意思是说分别好久了,用今天的意思解释就不通了。

第三点,要看些批评段注的书。段玉裁的书写得很好,但有没有缺点错误?当然还是有的。一切好书都有缺点,不能说好书就没缺点。段还是有一些地方讲错了或讲得不够妥当。后来就有人写批评段注的书,其中有一本徐灏的《说文解字注笺》,他对段注加以补充,纠正。补充的地方也有,纠正的地方多一些,我看徐灏的书很好,从前我写的《中国语言学史》好像没提他,以后修订时要把徐灏提出来介绍。他虽是替段注作笺,好像不是自己写的著作,其实他的学问很好,我看凡是批评段的地方,十之八九是对的,并且能提出自己的意见来。如果你有时间,可以找来看看,《说文诂林》收进去了,借不到《诂林》再想办法,图书馆是否有单行本?给《说文段注》作笺,并不是看不起段,而是尊重他。段玉裁自己就说了,希望后来人给他纠正错误。我们清朝这些学者们有一个很好的优点,就是很谦虚,他们都认为自己的东西还不够好,希望后人给他纠正。所以徐灏这个作法是段氏的功臣,并不是看不起段。如果段的书没有价值,就根本没必要给他作笺,给他作笺就表示他的书已经够好的了。

最后讲第三部分,论读《马氏文通》。

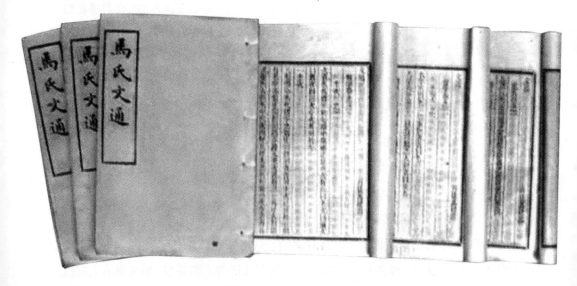

>> >

《马氏文通》是中国最早的一部语法书。利用语法术语来讲语法，那就从《马氏文通》开始。图为《马氏文通》书影。

大家知道,《马氏文通》是中国最早的一部语法书。从前的人把语法书推到王引之的《经传释词》。《经传释词》也可以勉强算是语法著作,但还不是完整的语法著作,因为他专讲虚词,而且也不是纯粹从语法观点讲,另外,他没有语法的名词术语。利用语法术语来讲语法,那就从《马氏文通》开始。还有人说中国语言学家应把他数在第一个。

马建忠在清末是革新家,主张政治改革,使中国富强。另外,还写了这样一本书,叫《马氏文通》,《文通》就是语法的意思,当时还不叫语法,就叫《文通》了。

读《马氏文通》,要注意几点:
头一点是要看懂文言文。

读《马氏文通》,要注意几点:

头一点是要看懂文言文。《马氏文通》是用文言写的,他的文言还相当古。他认为古代文言是通的,到后代不通了,所以有些地方要仔细看,要看懂,不懂最好问问老师,举几个例子来说。

术语经常说"读",其实"读"不念dú,应该念dòu(豆)。古代所谓句读,句是句子,读是中间稍微停顿,就是现在所谓分句。所以他有时提到一个词放到全读后面,"全读"就是整个分句。还有他讲到数词时,讲畴人讲数词不带名词。我们一般认为数词都要带名词,"一个人"、"一匹马"。"畴人"即古代数学家。他讲到"之"字,他认为是一个介词,他讲了这样一句话:"偏正之间盖介之字,然未可泥也。大概以两名字之奇偶为取舍。"他的意思是说,"之"字是放在形容词和名词之间,比如"好书"也可以说"好之书"。现在北大讲语法还讲偏正结构,倒是从马氏文通来的。什么叫"盖介之字"?盖是一般的意思,一般是把"之"字放在偏正之间。"然未可泥也",意思是说但是你不要太拘泥了,有时也可不放,并不一定非放不可,"大概以两名字之奇偶为取舍","大概"也是一般的意思,"以两名字之奇偶为取舍"，就是说字是双数还是单数，如果是双数就常用"之"字，单数就不用。比如"好书"，我们很少说"好之书"，但如果说"善本之书"，常加"之"，为什么？因为"善本"是两个字。这些地方好像很简单，但不懂文言文就看不懂。

第二点，要弄懂《马氏文通》里边的名词概念。《马氏文通》里模仿西洋的那个Grammar的，他序文里也说Grammar，在希腊文原意是"字学"。他的术语全是外语语法书中的名词概念，因为出得早，与现在翻译的不一样，所以不好懂。比方开头讲"界说"，"界说"是什么呢？英文叫definition，原意是划个界，翻译过来就成为界说了，但后来译成"定义"，"界说"就是"定义"。也有容易看懂的地方，比方名字就是名词，静字就是形容词，动字就是动词，状字就是副词，这比较好懂，但有些地方不那么好懂，如书里有"散动"，要好好体会，否则就不懂。散动在英文中是infinitive，现在翻做原动词，曾有一度翻作无定动词，《马氏文通》叫散动。刚才说读书的读，念dòu，英文叫Clause。我说英文，是因为比较好懂，其实据说马建忠是从拉丁文来的，因为马建忠是天主教徒，拉丁文很好。他所谓接读代字（代字即代词），即在读中间用代词把它接起来，英文叫relative pronoun，后来翻译为关系代名词，马氏叫接读代字。弄清楚这个很重要，要不你《马氏文通》就读不懂。你要把里边的名词概念一个一个译成英文，每个概念等于英文什么，如果你念的是俄文，就要知道他等于俄文什么。说到这里想到一件事，为什么汉语史研究生还要念外语？不念外语，《马氏文通》能念吗？你就念不懂了。读《马氏文通》应该拿英语语法来对照，然后你才能看得懂，《文通》里边讲到的名词术语，等于英文什么，章锡琛的校注本都注了，我从前念的本子没有校注，校注本是解放后出版的，但还要注意，如果对英语语法

第二点，要弄懂《马氏文通》里边的名词概念。

懂得不透,他注等于什么你还是不懂,所以你还要了解英语语法这个词起什么作用。比方说,《文通》所谓散动,等于英文infinitive,章锡琛校注本已经讲到了,但是如果对英语语法的那个infinitive不懂或懂得不透,你还是没法理解,所以要知道英文作什么用,词性是什么,比方为什么叫infinitive;现在好像叫原动词,最初叫不定式。原动词好懂,但不确切。原动词是说它原先就是那么写的,在字典里查也是查到那么个动词,但这不符合原文的意思,原先翻作不定式或无定动词就符合英文原意了。为什么叫不定式?因为英文动词要随人称的变化、数的变化、时态的变化而变化,在谓语中,谓语动词是要有这些变化的。英文infinitive不需要有这些,在句子里也不需有任何变化,有变化是定下来的形式,没有变化就是不定式了。不定式动词主要有两种用法:一种用作主语,当名词用,所以不需要有动词的变化。另一种还是动词,但也不需要变化。那是在什么情况下呢?是在谓语动词后还带有动词,那就不需要变化了。英语常在动词后加一个do,do后再加一个动词,那个动词就不需要变化了。《马氏文通》所谓散动并不是不定式动词当主语用的那类,而主要是后面那一类,动词后再有动词的叫散动。这个问题很重要,首先要把《文通》的名词概念弄清楚,要知道这个名词概念是从哪里来的,在西洋语法里边等于什么。否则,这书就没有念懂。这是基本功,这是最重要的,要不《文通》就白念了。

第三点,人家都批评马建忠拿西洋语法作为框框,按西洋语法办事。

第三点,人家都批评马建忠拿西洋语法作为框框,按西洋语法办事。这话怎么理解?如果《文通》真正拿西洋语法作框框,也不能怪他,因为他首先拿西洋语法来搞我们汉语语法,是中国语法学的创始人。世界各个语言的语法也有同有异,不能说各种语言的语法都完全不同,除极少数特殊语言外,一般语言都还有很多语法的共同点,所以如果按西洋语法来搞我们汉语语法,特别是在创始的时代,我们不能太责怪他。现在的问题是我们要仔细看《马氏文通》是否真正完全拿西洋语法作框框,这个很重要。关于实词的划分,他大概是拿西洋语法作框框的。叫名字的就是名词,叫动字的就是动词,叫静字的就是形容词,叫状字的就是副词,那是按西洋语法办事,这有什么不好?现在一般语法书还是这样叫的,只不过名称改了改。关于虚词,《马氏文通》有其独创性。虚词中有一种所谓"助字",我们现在叫语气词。马氏自己说,助字是西洋没有的,中国特有的。西洋语法中有所谓语气,我们没有,但我们有助字。这个观点相当正确。助字是汉语特有的东西,这就没照抄西洋语法。所以不能说他照抄西洋语法,还有拿西洋语法作对比,不能说是框框,有些对比很巧妙,如接读代字,要是别人抄西洋语法不会这样抄的。接读代字有三个字,"其、者、所","所"字用的地方与英文所谓关系代名词用的地方不完全相同,结构也不完全一样,但他能悟得出来这个等于西洋的关系代名词,当然是否完全等于关系代名词,大家有争论。比如"所"字,我也曾批评过他,不应叫关系代名词,杨树达更批评过他,说"所"字不应叫代名词,举的例是"卫太子为江充所败",但后来编《古代汉语》时,我还是接受了《文通》的说法,认为"所"是代词。"卫太子为江充所败"是后来的发展,"所"字虚化了,失掉了代词性,而"卫太子为江充所败"这种形式,先秦是没有的。这些地方的"所"拿来比西洋关系代名词,还是有他的道理的。如果是拿西洋语法作框框,就绝不会想到这些地方。另外,《马氏文通》对具体语法问题的分析有创造。如他举了三个例子,"亲之欲其贵也,爱之欲其富也。""爱之能勿劳乎,忠焉能勿诲乎?""俎豆之事,则尝闻之矣;军旅之事,则未之学也。"如单纯拿西洋语法作框框,可能分析不出来,你想到西洋语法,还要想到具体在汉语中怎么解释这些问题。"之"和"其"比较好懂,"之"用作宾语,"其",他认为用作主语,其实还不大对,应该是"名词+之"。"之"不能用做主语,"其"不能用做宾语,这个他是对的。底下,"爱之","忠焉",不是有分析能力的人,这个地方就讲不清楚了。他就能想到及物、不及物,想到"爱"是及物,"忠"是不及物。你要拿西洋语法作框子,碰到具体问题就解决不了了,你不懂这个是怎么个语法关系。"矣"和"也"也有分别,这在前边已经讲过了。我们不要用拿西洋语法作框框来说他,其实用西洋语法作框框,在汉语语法学初创时期,也是不容易的事。碰到具体问题,你能解决好那就是好。

还有一点,要看些批评《马氏文通》的书。可看杨树达的《马氏文通刊误》,所谓刊误,是指出《马氏文通》错误的地方,我看杨的水平跟我也差不多,有些地方批评《文通》是批评错了的。比方说,他说这个地方应说省掉个"于"字,《文通》没讲,但照理应有个"于"字。这个就是杨的错误了。为什么有"照理"呢?语法即语言习惯,每个民族,每个时代都有不同的语法,为什么说照理应有而省掉了呢?昨天看到一部字典的稿子,说诗经《伐檀》的"寘之河之干兮"的"之"是"之于"的合音,应该是"寘之于河之干"。他不说省掉"于"字而说"之"是"之于"的合音,也是错的。说"诸"是"之于"的合音,因为"之于"两个字作反切成为"诸","之"怎么能叫"之于"的合音?"之于"反切不出"之"字来。这怎么行呢?那么,他为什么说"之"是"之于"的合音?因为他认为"寘之河之干"的"之"下没有"于"字是不合理的,他不知道有很多语言里边就是可以把底下的名词短语当间接宾语。间接宾语不加"于"字也可以,不管古代汉语还是西洋古代语言里边,都有无数例子,不能说"照理"应怎么样。语言不是照什么理的。所以有些地方,他批评《文通》,其实他本人就错了。当然,有些地方杨还是说得对的。

为什么现在介绍读《文通》? 这跟汉语史很有关系,因为他讲的是古代语法。《马氏文通》有个缺点,就是他没有历史观点,以为符合古代语法的就是正确的, 后来语法有所发展, 他认为是不正确的,错误的。他认为唐代韩愈稍微知道些文法,不过连韩愈他也觉得不大行了。所以他举例到韩愈为止,底下的就不再举了。如有历史观点就不会这样,不但韩愈、苏东坡是对的,直到后来《水浒传》、《红楼梦》都是对的。因为语法已随时代发展成这个样子,你就不能用上古语法来衡量他了。在这一点上,马氏有很大的错误。

还有,要认识到《马氏文通》是一本好书,一本很有价值的书。他不但开创了中国的语法学,而且他里边有很多东西,现在回头再看看,还是应该吸收的,就是原来认为不好的,现在仔细想想,也还是有用的。黎锦熙先生用杜诗"不废江河万古流"来称赞《马氏文通》,这绝不是过奖。

第十三讲 —— 我的治学经验

我认为,所谓治学经验,主要是修养问题。所以今天我就主要来讲讲研究语言学应有的修养。

近几年来，要我写自传、谈治学经验的不少，我一向不愿意写，不愿意讲。因为我的学术成就不大，我的治学经验未必值得借鉴。可是作为北京市语言学会的会员，会议要求我和同志们交流治学经验，我只好勉强来讲讲，向同志们请教。

我认为，所谓治学经验，主要是修养问题。所以今天我就主要来讲讲研究语言学应有的修养。

一　方法论

我 常 常 对
我的研究生说：
科学研究并不
神秘，第一是要
有时间，第二是
要有科学头脑。

我常常对我的研究生说：科学研究并不神秘，第一是要有时间，第二是要有科学头脑。有时间才能充分占有材料，有科学头脑才能对所占有的材料进行科学的分析。古今中外有成就的科学家都是具备这两个条件的。我在学术上成就不大，就是因为我没有能够完全做到这两点。

解放后，我学习了《马恩列斯思想方法论》，懂得了进行科学研究必须搜集丰富的材料。充分占有材料之后,要分析材料的种种发展形态,并探究这种种形态的内在关系。在研究历史的时候,要说明某种现象在历史上怎样产生,并根据它的发展情形去观察这个现象现在变成了什么。这个马克思主义的方法论,对我50岁以后的科学研究帮助很大。

马克思主义的方法论,对我50岁以后的科学研究帮助很大。

二 普通语言学的理论指导

我在我的《中国现代语法》自序上说:"中国语法学者应该有两种修养:第一是中国语史学;第二是普通语言学。"用普通语言学的理论来指导我们的汉语研究,就能开辟许多新的园地。有人说我做了许多开创性的汉语研究工作,其实并不是什么开创性,只是普通语言学原理在汉语研究中的应用。

普通语言学里讲到很多很重要的道理。例如"语言是一个系统"。这一个原理就很重要,我一生受用不尽。我从先秦古韵脂部中分出一个微部,主要根据是语音的系统性。要是从《诗经》用韵来看,好像独立不出来。因为微部字和脂部字合韵的相当多。但是我们得承认合韵。段玉裁在《答江晋三论韵》上说:"谓之合而其分乃愈明,有权而经乃不废。"

用普通语言学的理论来指导我们的汉语研究,就能开辟许多新的园地。

不承认合韵,很多韵脚就混成一团。段玉裁从真部分出文部来,文部跟真部就有合韵的,怎么又分出来了呢? 主要是看系统,要看它们在系统中能不能分。

从前,我在我的《中国音韵学》里批判了戴震,说他唯心主义,后来我想:戴震是对的。他的话的大意是:按照系统来说,应该分的就分,不能因为有一两个合韵就不敢分;按照系统不能分的,就不分。戴震提出的原理,从系统来看是对的。作为一个原理,批判它是不应该的。他的阴阳入三分,也是根据"语言是一个系统"看出来的。他的古音韵研究得不够好,是因为他没有能按照他所提出来的观点去做。可见,系统性很重要。

段玉裁从真部分出文部来,但是没有阴声;入声和文部对转。入声摆到哪里去了呢?摆到脂部(第十五部)去了。章太炎从脂都入声中分出一个队部(黄侃叫做没部),这就是文部的入声。按照语言系统,阴阳入对应,还差一个阴声。我从脂部分出微部,使微、物、文三部成为阴、入、阳三声对转,这是从系统性看出来的。两年前,我看到日本藤堂明保写的《汉字语源研究》采用了我的微部说,他说这样就有了系统性了。其实微部独立也不是我独创的。章太炎在《文始》里把"虽椎雷"等字归入队部,我受他的启发,从系统性出发,分出了微部。当然单凭系统性,没有材料证明也不行。我是从南北朝诗人用韵的实例中发现这个情况的,因为在南北朝,脂、微还是分开的。

两年前我发表了一篇文章,讲普通话的日母字读音不应该是高本汉说的那样,是什么[ʂ]的浊音。当然不单是高本汉这样认为。很早的时候许多人都认为日母是[ʂ]母的浊音。我认为现代普通话的日母字的声母应该是[ɻ],而不是[ʐ]。这也是从语音的系统性考虑的结果。这当然要用几方面来证明,首先用语音实验证明。不必用机器,只凭听觉就行了。把"神"shen中的sh念浊音,就不能念出"人"字来。当然用机器实验就更好了。考虑系统性也是一种证明方法。大家知道,现代北京话已经没有全浊声母了,[p]系、[t]系、[k]系、[tɕ]系、[ts]系都没有全浊声母,怎么在[tʂ]系中就会冒出一个全浊声母呢？从系统性来看，是不可能的。

再说，从语音发展看，浊上变去，古代浊音上声字会变成去声，但是次浊就不变。"柳"字的读音不会变为liù，"忍"字的读音不会变为rèn，"语"字的读音不会变为yù。次浊上声不变去，这也是系统性的表现。因此，日母字不可能变为去声。如果日母是sh的浊音，为什么它的上声字不变为去声呢？

举出上面这些例子，意思是为了说明："语言是一个系统"这个原理我一生受用不尽。我用这个原理指导我的语言研究，相信是有成效的。

普通语言学还有这样一个原理：语言的历史发展也是系统的。从一个时代变到另一个时代，是一个新的系统代替一个旧的系统。它不是零零碎碎地变的。所以我们研究语言史决不能零敲碎打，而必须对整个语言系统进行全面的审查。

语言是社会的产物，没有社会就没有语言。这也是一个普通语言学的原理。我们研究语言，就要注意语言的社会性。我国古代的语言学家反对孤证。孤证之所以不可靠，是由于它缺乏社会性。

> 语言是社会的产物，没有社会就没有语言。

什么叫孤证？孤证就是缺乏社会性的偶尔出现过一次的例证。例如：某个字在一个时代只在一本书中的一篇文章里出现了某一种意义，于是就以此为根据，给这个字提出一个义项来，这样的根据就是孤证。近些年来我看一些字典、词典的样品，就发现这个问题。举两个例子。有一本字典中，"信"有一个义项是"旧社会指媒人"，例证是《孔雀东南飞》中有个"信"字作媒人讲。这就是个孤证。因为，除了《孔雀东南飞》以外，没有哪一本书或哪一篇文章里的"信"字是当媒人讲的——至少我没有发现。我查余冠英注的《乐府诗选》的解释是："信，使者；断来信，就是回绝来使，指媒人。"他解释得很好。我们编《古代汉语》，经常讲一个字本来指什么，在这里受上下文的影响，指的是什么。这在语言学上叫做临时意义。

黎锦熙有句名言说得很好："例不十，法不立。"他还说；"例外不十，法不破。"为什么这么说呢？也就是要注意语言的社会性。我在30多岁的时候写了篇文章，说上古时代没有系词，直到现在还在争论。反对的就找例证，其中有个别例子是成立的。但是"例不十，法不立"，例子那么少，是不是应该怀疑这本书经过后人篡改了啊？《论语》中写子路问路于桀溺，桀溺问他"是鲁孔丘之徒与？"有人根据这个例子反驳我说："这个'是'字，就不是个指代词。"这个反驳是很有力的。但是后来我看到《史记·孔子世家》里，桀溺的问话是："子孔丘之徒与？"就没有那个"是"字。可以不可以说，"是"字是后人加的呢？很可能！"是"字作为一个系词，今天看书看报，满纸都是。但是在上古可不是这样，得辛辛苦苦地去找，很不容易找到一个例外。

文字也要注意社会性。

文字也要注意社会性。我们说先秦时代"悦"字是"言"旁，不写作"忄"旁。如果先秦有"悦"字，《说文解字》就应该收它。没有收，可见没有。可是偏偏《孟子》中就有它，《庄子》是两个（说、悦）都用。还有一个"懸"字。《说文》中只有"縣"没有"懸"，可是偏偏《孟子》中就有"懸"字。怎么解释？我认为很可能是后人传抄产生的错误。这一点也不奇怪。现在我们印书，经过校对，还出那么多的错误，古人传抄就没有错误？那么，为什么《论语》没有"悦"字呢？因为它是"经书"，传抄的人不敢随便改。不是经书的，他就敢改。《孟子》虽然也是经书，但它是到宋代才上升为经书的，在这之前，人们也敢改。《孟子》里那么多"悦"字、"懸"字，就很可能是后人改出来的。不然，孟子那个时代没有的字，怎么会在书里出现呢？出现了，又有谁懂它呢？

再如"阵",上古都写成"陈"。颜师古在《汉书·刑法志注》里说："战陈之义本因陈列为名,而音变耳。字则作陈,更无别体,而末代学者,辄改其字旁从车,非经史之本文也。"但是我们编的字典、词典倒有新发现:"阵"在《吕氏春秋》里就有。怎么看这个问题呢?这就要用语言(这里是文字)的社会性来分析了。别的书里没有,《吕氏春秋》里有,《吕氏春秋》的作者能造出一个人家都不懂的字吗?颜师古连《吕氏春秋》也没有读过?不可能吧?

上面说的是语言的社会性,这个原则非常重要,下面要说说历史比较法这个原则。

历史比较法也很重要,特别是对于研究汉语史。不研究历史比较法,就研究不好汉语史。举例来说,历史比较法有一条:条件完全相同的语言,它不会忽然就分成两个、三个。音韵学家说,"家"古代要念成gū。后来汪荣宝他们认为古代"姑"要念成jiā。谁对呢?谁都不对。为什么?假如"家""姑"在上古时代读音完全相同的话,怎么又会分成两个音的呢?这是说不清楚的。所以,我们要研究历史比较法。对于古音的拟测,这个原理十分重要。高本汉尽管对上古汉语的语音拟测得不好,但是有一点应该肯定:他是接受了历史比较法的。他不会把"家"念成"姑",也不会把"姑"念成"家"。

历史比较法也很重要,特别是对于研究汉语史。

三 语言学和古代汉语

我从7岁启蒙,读的是文言文。先念《三字经》,接着就念《五字经》——我们家乡管《神童诗》叫《五字经》。什么"天子重英豪,文章教尔曹,万般皆下品,唯有读书高"。我们家乡不兴念《百家姓》,所以我没念。老师说《四字经》——我们家乡管《千字文》叫《四字经》——太深了，所以我也没念。我们家乡那个地方很偏僻，没有机会接触什么古书，连《十三经》都没有，顶多是"四书"、"五经"，我好像只念过"四书"，非常闭塞。

后来我到一个亲戚家当了小学教师。有一家亲戚的父亲在广雅书院当过学生，家中藏书很多，可是这个亲戚不怎么读书，把书堆在一个房间里，堆得满地都是。我说："你的书不看，可不可以借给我看？"他说："难得。反正我也不搞这个，你拿去替我保存好了。"我就把整整14箱书都搬到家里去了。这么一来，我就像进了宝山，发现了宝。那些书不只是"四书"、"五经"，连天文地理，甚至还有《开元占经》之类，于是大开眼界。当然，我不能全都读，但是至少是知道了天下之大。这14箱书对我后来的科学研究有多大影响，当时我不知道，后来我才懂得：不懂古代汉语，要研究汉语史就没有基础，甚至研究现代汉语，也不能没有古代汉语的基础。

研究普通语言学要不要有古代汉语的基础呢？　研究普通语言学要不要有古代汉语的基础呢？这个问题我们争论过。有人说，研究普通语言学就用不着先研究好汉语。我说：不行！世界上那些研究普通语言学有成就的著名语言学家，都对自己本族、本国的语言有透彻的研究，否则写不出普通语言学的书来。我在自己的实践中越来越感觉到：所谓打基础，首先就要打好汉语的基础。

四　语言学和外语

几十年前，赵元任先生跟我说："什么是普通语言学？普通语言学是拿世界上的各种语言加以比较研究得出来的结论。"我们如果不懂外语,那么普通语言学也是不好懂的;单研究汉语,也要懂外语。两年前,有人埋怨我说:"我考你的汉语史研究生,为什么非考我外语?"至于对考大学中文系而考外语有意见的,那就更多了。

为什么学中文、研究汉语的人要懂外语?一条理由是,现在越来越多的外国人研究中文,有的还研究出很好的成果,写的论文值得参考。我们花时间拼命研究的问题,很可能是人家已经研究出成果的。人家的论文是用外语写的,不懂外文怎么读呢?近两年,汉藏语系学术会议,我看到美国的、法国的一些作者寄来的论文很好,很有价值。例如,关于内外转的问题,罗常培先生写过文章,我看了不满意。我也写过这方面的文章,觉得也没有解决问题。两年前看到美国的汉学家的文章,我认为他解决了问题。总之,有些好东西,用外文写的,我们要看,就得懂外语。

为什么学中文、研究汉语的人要懂外语?

另一条理由是:研究汉语史要用外国语言的发展情况来比较、参考。这有好处。最近我写汉语语音史,把上古喻母四等拟测为[ʎ]。我认为喻母四等在上古可能是某种ɤ(是与j、q、x同部位的ɤ)。这个意见跟李方桂先生的意见比较接近。他讲是一种[r]。同法语[ɫ]的湿音化("mouillé")比较,很像,说明喻母四等后来变成了[j]。

外语很重要,可是在这一方面,我的修养很差。由于我没有上过中学,我到24岁才学英语。27岁我开始学法语,因为要到法国去念书。到了法国,法语还不会说。50岁学俄语,那已经是解放以后的事了。我在39岁的时候休假一年,到越南学东方语言,主要学越南语。为什么说我的外语很差呢?我至今只能看英文书而不能用英语会话,俄语、越南语就更不行了,要借助于字典才能看书看报。我不懂日语,去年到日本去就变得"又聋又哑"。最近半年来,我每天早上听北京的日语广播讲座,但是年纪大了,记不住了。

>>>

王力和陈寅恪
先生(左)。

尽管我的外语学得很差,可是就凭这一点外语知识,得到的好处却很大。我在30多岁的时候写了一本《中国语法理论》,讲汉语的语法特点。要看出并说明汉语语法的民族特点,就必须用外语和汉语比较。在书中我用了英语、法语来作比较(偶尔也引几段德语,那是抄来的,我不懂)。我还凭这点外语知识读了一些外国出版的语言学书籍和杂志。

我认为外语在语言学修养中是绝不可少的。

五　语言学和文学

语言学和文学的关系非常密切。高尔基说过:"语言是文学的第一要素",我说:"文学是语言的精华。"

我在法国留学的时候,因为没有钱用,就卖文来维持生活。我先后翻译了30多部法国文学作品,似乎是脱离了本行,不务正业,但是我至今不后悔。因为,有了一些文学修养,可以使语言的研究工作做得更好一些。

大家知道我写了一些有关诗词格律的书。诗词是文学方面的问题,而格律又是语言学方面的问题。所以许多地方,语言和文学是不可分的。

六　语言学和逻辑

上面说过,从事科学研究要有科学头脑。对语言研究来说,科

语言学和文学的关系非常密切。

对语言研究来说,科学头脑也就是逻辑头脑。

学头脑也就是逻辑头脑。

我在1932年写了一本《论理学》(即《逻辑》),收在《万有文库》里。1961年我写了一篇《逻辑与语言》,登在《红旗》杂志上。这里我要强调的是逻辑头脑对于语言研究的重要性。

科学研究所使用的方法,在逻辑上说,主要是归纳法。在充分占有材料以后,要对所掌握的丰富材料进行分析、归纳,才能得出结论。科学上犯错误,常常是由于没有使用归纳法,有点材料,马上使用三段论,演绎推理。科学的结论只能产生在分析、归纳之后,而不是在它之前。演绎推理还是需要的,但是合乎逻辑的顺序应该是:首先经过归纳,得出正确的结论,再用这个正确的结论作为前提,进行演绎推理。大前提正确,才可以演绎;大前提一错,一切全错。

循环论证是语言学界最容易犯的毛病,我们应该努力避免。我经常向我的研究生强调这一点。有的人口头上明白这个道理,可是实际上做起来却胡涂。去年有个研究生写了一篇论文,讲古汉语中的使动词。他说,使动词,就是能带使动宾语的动词。他又解释使动宾语说,使动宾语就是在使动词后边的成分。这样的话给人讲明白了什么呢?我再三警告他不要犯循环论证的错误,但是他写起文章来就忘了。

我认为逻辑思维是很重要的。如果有两个人一样下大功夫,而其中一位成就大,另一位就不行,区别恐怕就在于有没有逻辑头脑。

我认为逻辑思维是很重要的。

七 语言学和音乐

语言,特别是汉语,和音乐的关系是很密切的。为什么?因为汉语是声调语言。从前我在法国,有人问我:"听说你们汉语是声调语言,那说汉语不就等于唱歌了吗?"我说:"那也差不多。"

语言的声调和音乐的关系是很大的。我学过王光祈的《中国音乐史》,获得了许多中国音乐的知识。例如,我懂得了三分损一,三分益一的乐理。律吕的知识对研究诗歌很有用处。汉语的声调是可以用五线谱谱出来的。

最近我跟几个同志一起研究京剧的唱腔,这跟音乐的关系更大了。我们知道,中国的戏曲,唱起来常常是和语言的自然声调一致的。一致,才叫人容易听得懂;不一致,就不大好。现在有一些歌不讲究和语言的自然声调一致,听起来别扭。例如:"你是灯塔",唱起来好像在说"你是等他"。京剧,以及一些其他的地方戏有时听起来好像也不和语言的自然声调一致,那是因为方言的关系。

汉语和音乐的关系,如果没有一点乐理知识,就不容易理解。

八 语言学和自然科学

语言学和自然科学的关系十分密切,特别是现代,产生了语言学和许多自然科学的边缘科学,语言学和自然科学的关系就更加密切。

语言,在脑子里没有说出来的时候,叫语象,这是心理学问题。发出语音,气从肺部经声门、声带,到口腔、鼻腔、舌头、牙齿,这是

（右侧批注）语言的声调和音乐的关系是很大的。

（右侧批注）语言学和自然科学的关系十分密切,特别是现代,产生了语言学和许多自然科学的边缘科学,语言学和自然科学的关系就更加密切。

生理学问题。声音发出来以后在空气中传播,这是物理学问题。这三个学科,和语言学的关系是太密切了。

语言学理论单有一个很重要的发展,叫音位学,这是从心理学来的。还有实验语音学,这是生理学、物理学在语言研究中的运用。我在巴黎大学学的就是实验语音学。我写的博士论文,题目就是《博白方音实验录》。开始的时候,我觉得困难重重。我没有上过中学,对物理学一窍不通,对生理学更是莫名其妙。我花了很多时间去观察人体解剖图,研究横膈膜、喉头、声带和各种发音部位。我学会了使用浪纹计和音叉,学会了音频的实验,这样,才把语音实验做下来。要是不懂物理学(主要是声学),很多东西就讲不清楚。例如:什么叫元音? 元音的性质是什么? 音色决定于什么? 等等。如果我们没有一点声学知识,就不能进行语音实验。最近十多年来,实验语音学又有了更大的发展,要学会使用语谱仪,要学会分析共振峰(共振峰与元音的关系特别大)。

1970年我翻译R. Jakobson的《语音分析初探》,觉得很吃力。许多自然科学术语我不懂,只好向朋友请教。最后,经吴宗济同志审改,才得以发表出来。

我在学习语言学的时候,碰到有些语言学著作是用数学来说明某些语音问题的,我就看不懂,也只好去请教朋友。1961年我主编一部《古代汉语》。《古代汉语·通论》中有《古代文化常识》,头一篇就要讲中国古代的天文。我急来抱佛脚,只好去学天文。学天文要懂三角,我又去学三角。拿中国古代天文与现代世界通用的天文进行对比,就不是简单的事,例如现代天文学中讲的某个星座相当于古书中所说的什么星,要弄清楚是不容易的。可是如果不弄清楚,古代汉语的有关部分就弄不懂。《诗经·豳风·七月》头一句"七月流火"，"火"是心宿，这还好办，什么叫"流"？依余冠英先生的解释是：每年夏历五月黄昏的时候，心宿当正南方，过了六月就偏西而下了。他讲的是夏代的天文，到周代就不一样了。戴震在《诗补传》上说，由于岁差的关系，周代心宿到六月在黄昏时才中天，所以说"七月流火"。可见天文学对古代汉语的研究是很重要的。

自然科学重要极了。学了自然科学可以增长知识，更重要的是可以训练我们的头脑。我们搞文科的人常常缺少科学头脑。在自然科学里，对就是对，错就是错，没有科学头脑就不行。搞语言学的人有了科学头脑，语言学就可以搞得好得多。在这方面，我可以说是太糟糕了，因为我没上过中学。前年我在武汉开的中国语言学会成立大会上讲我对于语言研究的意见，冒出了一句讲稿上原先没有的话，就是："我一辈子吃亏就吃亏在我不懂数理化。"后来许多报纸报导的时候说：王力说研究语言的人要懂数理化。这样的报导搞丢了一个字，不是研究语言，而是研究语言学要懂数理化。

学点自然科学，懂了数理化，有一个科学头脑，在语言学研究中随时用得着。

以上讲的八点，可以说是我的治学经验。八点都是讲的学术修养的问题。我认为除了修养以外没有什么可谈的。就我自己的实践来说，有成功的方面，也有失败的方面。失败的方面在于外语没有学好，自然科学也不行。我认为，我们研究语言学必须掌握与语言学有关的科学知识，然后才能把语言研究工作做好。这不是说要由博返约，不是说先打好基础，就可以研究好语言；而是说，要把各种有关的知识当作语言学的组成部分来对待。例如声学。声学应该是语言学的一个组成部分。不是学了声学，由博返约，再回来研究语言学。前面说的八点，都应该说是语言学的组成部分。不知我的意

以上讲的八点，可以说是我的治学经验。

见对不对，说出来供同志们参考。

前几天，我写了一篇文章纪念赵元任先生。文章说到赵先生为什么取得了那么高的成就。赵先生就是因为有多方面的基础才取得那么高的成就的。这个话，我在授予赵先生北京大学名誉教授的会上也说过。赵先生26岁在哈佛大学拿到了哲学博士学位。1921年英国大哲学家罗素来中国，他当翻译。此后，他到他的母校康纳尔大学当物理学讲师。1925年他回到清华大学教书，开始他教数学，后来才到清华研究院当教授，教语言学。他的文学也不错，翻译过《爱丽丝漫游奇境记》。他在音乐方面的造诣就更深了。1981年他回国，音乐界人士专门开会欢迎他。赵先生是由哲学家、物理学家、数学家、文学家、音乐家做底子，最后才成为世界闻名的语言学家的。我一辈子都想学他，没有学好，为什么？因为我先天不足，学术修养很差，特别是自然科学基础差，以致我的学术成就平平（这不是谦逊，而是实情）。

我说的八点，也可能有的对，有的不对，请同志们多多指教。

我一辈子都想学他，没有学好，为什么？因为我先天不足，学术修养很差，特别是自然科学基础差，以致我的学术成就平平（这不是谦逊，而是实情）。